O cotidiano da escola
As novas demandas educacionais

Dados Internacionais de Catalogação na Publicação (CIP)
(Câmara Brasileira do Livro, SP, Brasil)

O cotidiano da escola : as novas demandas educacionais / organizadoras Denise D'Aurea-Tardeli, Fraulein Vidigal de Paula. -- São Paulo : Cengage Learning, 2011. -- (Coleção escola e contemporaneidade : temas emergentes à Psicologia da Educação)

Vários autores
Bibliografia.
ISBN 978-85-221-1194-7

1. Educação - Finalidades e objetivos 2. Educação moral 3. Métodos de estudo 4. Prática de ensino 5. Professores - Formação profissional 6. Psicologia educacional 7. Valores (Ética) I. D'Aurea-Tardeli, Denise. II. Paula, Fraulein Vidigal de. III. Série.

11-13294 CDD-370.15

Índice para catálogo sistemático:

1. Cotidiano escolar : Psicologia da educação 370.15

Coleção
ESCOLA E CONTEMPORANEIDADE
Temas emergentes à Psicologia da Educação

O cotidiano da escola
As novas demandas educacionais

Organizadoras

Denise D'Aurea-Tardeli   Fraulein Vidigal de Paula

Autoras

Denise D'Aurea-Tardeli
Maria Isabel da Silva Leme
Maria Suzana de Stefano Menin
Maria Teresa Ceron Trevisol
Marian Ávila de Lima e Dias
Sheila Daniela Medeiros dos Santos

Austrália • Brasil • Japão • Coreia • México • Cingapura • Espanha • Reino Unido • Estados Unidos

O cotidiano da escola: as novas demandas educacionais
Denise D'Aurea-Tardeli e Fraulein Vidigal de Paula (orgs.)

Gerente Editorial: Patricia La Rosa

Supervisora Editorial: Noelma Brocanelli

Supervisora de Produção Editorial: Fabiana Alencar Albuquerque

Editor de Desenvolvimento: Fábio Gonçalves

Copidesque: Luicy Caetano de Oliveira

Revisão: Fernanda Batista dos Santos e Maria Alice Costa

Diagramação: Cia. Editorial

Capa: Souto Crescimento de Marca

© 2012 Cengage Learning Edições Ltda.

Todos os direitos reservados. Nenhuma parte deste livro poderá ser reproduzida, sejam quais forem os meios empregados, sem a permissão, por escrito, da Editora. Aos infratores aplicam-se as sanções previstas nos artigos 102, 104, 106 e 107 da Lei nº 9.610, de 19 de fevereiro de 1998.

Para informações sobre nossos produtos, entre em contato pelo telefone **0800 11 19 39**

Para permissão de uso de material desta obra, envie seu pedido para **direitosautorais@cengage.com**

© 2012 Cengage Learning. Todos os direitos reservados.

ISBN-13: 978-85-221-1194-7
ISBN-10: 85-221-1194-4

Cengage Learning
Condomínio E-Business Park
Rua Werner Siemens, 111 – Prédio 20 – Espaço 04
Lapa de Baixo – CEP 05069-900
São Paulo – SP
Tel.: (11) 3665-9900 – Fax: (11) 3665-9901
SAC: 0800 11 19 39

Para suas soluções de curso e aprendizado, visite **www.cengage.com.br**

Impresso no Brasil.
Printed in Brazil.
1 2 3 4 5 6 7   13 12 11 10 09

Sobre as autoras

Denise D´Aurea-Tardeli Doutora em Psicologia Escolar e do Desenvolvimento Humano pelo Instituto de Psicologia da Universidade de São Paulo. Docente da Universidade Metodista de São Paulo e da Universidade Católica de Santos. Experiência com formação de professores de Ensino Fundamental. Pesquisadora na área da Psicologia e Moralidade.

Fraulein Vidigal de Paula Doutora em Psicologia pela Université Rennes 2 (França) e em Psicologia Escolar e do Desenvolvimento Humano pela Universidade de São Paulo. Docente no Instituto de Psicologia desta universidade. Pesquisadora na área de Aprendizagem, Desenvolvimento Cognitivo e da Linguagem Escrita.

Maria Isabel da Silva Leme Professora Titular no departamento de Psicologia da Aprendizagem, do Desenvolvimento e da Personalidade do Instituto de Psicologia da Universidade de São Paulo. Pesquisadora dos temas: aprendizagem e solução de problemas com ênfase nas inter-relações entre cognição, afetividade e cultura.

Maria Suzana de Stefano Menin Docente da Unesp – Presidente Prudente. Professora Livre-Docente. Tem experiência na área de Psicologia, com ênfase em Desenvolvimento Social Moral e da Personalidade, atua principalmente com os temas: educação, representações sociais, desenvolvimento moral e educação moral.

Maria Teresa Ceron Trevisol Pedagoga e doutora em Psicologia Escolar e do Desenvolvimento Humano pelo Instituto de Psicologia da Universidade de São Paulo (2002). Atualmente, é docente da Universidade do Oeste de Santa Catarina, atua também como pesquisadora no curso de mestrado em Educação desta instituição. Tem experiência na área da Educação e da Psicologia da Educação, trabalha principalmente com os temas: formação do professor, processos de ensino-aprendizagem, construção do conhecimento escolar, teoria piagetiana, moralidade, construção do conhecimento social (particularmente a faceta dos direitos das crianças).

Marian Ávila de Lima e Dias Doutora em Psicologia Escolar e do Desenvolvimento Humano pela Universidade de São Paulo. Docente da Unifesp – Campus Diadema. Membro do Laboratório de Estudos sobre o Preconceito do Instituto de Psicologia da Universidade de São Paulo. Pesquisadora nas áreas de Educação Inclusiva e de Educação, Cultura e Formação do Eu.

Sheila Daniela Medeiros dos Santos Doutora em Educação pela Universidade Estadual de Campinas. Docente na Universidade Federal de Goiás. Tem experiência na área de Educação, com ênfase em Psicologia Educacional e do Desenvolvimento Humano, atua principalmente com os temas: mediação semiótica e o processo de ensino-aprendizagem; a constituição da subjetividade humana pela linguagem; a relação violência, linguagem e imaginário no cotidiano escolar; os processos de exclusão social em crianças que vivem em instituições de atendimento à infância.

Apresentação da coleção

Escola e contemporaneidade
Temas emergentes à Psicologia da Educação

Denise D´Aurea-Tardeli   Fraulein Vidigal de Paula

A contemporaneidade traz novos rumos para toda a comunidade escolar, já que pressupõe a valorização das diferenças, a inserção das mídias interativas, a não linearidade histórica e a fragmentação do conhecimento. Promover uma educação que seja sensível a esses aspectos é imprescindível ao estabelecimento de estratégias adaptadas aos desafios dos novos tempos.

Professores e demais profissionais da educação devem se questionar desde o ponto de vista ético e pessoal até a sua prática cotidiana no exercício de sua função. É preciso questionar ainda o papel da escola e pensar que é possível a construção de um mundo diferente, impulsionado por uma educação transformadora. Conscientes de que os processos educativos estão ligados à complexidade crescente dos processos sociais, econômicos e políticos do mundo em que vivemos, consideramos que a escola continua se organizando conforme um modelo educativo ineficaz que nem sempre fornece respostas aos desafios da contemporaneidade.

Se a escola representa uma parcela imprescindível do cenário social e político e representa um espaço privilegiado para a formação de cidadãos críticos e participativos, capazes de promover transformações, não é o que se percebe no contingente do alunado em geral que vive uma crescente perda de reconhecimento e ausência de sentido para suas vidas e para aprendizados. Ao mesmo tempo que se veem diante de exigências, responsabilidades e cobranças impostas pela sociedade atual.

Cabe à escola e aos educadores promover uma educação que contribua com a formação de cidadãos responsáveis, capazes de reconhecer e lutar por seus direitos comprometidos com a justiça e com a sustentabilidade do planeta; que estabeleça o respeito à diversidade como fonte de enriquecimento humano, a defesa do consumo responsável, o respeito aos direitos humanos, a valoração do diálogo como instrumento para a resolução pacífica dos conflitos e o compromisso na construção de uma sociedade justa, equitativa e solidária.

Porém, para satisfazer tal necessidade, há de se proporcionar aos profissionais da educação esteio para situar de modo consciente sua atuação, suas questões, suas crenças e encontrar interlocuções que possam contribuir para alimentar suas reflexões e aperfeiçoar sua prática. A possibilidade de uma reflexão consistente apoiada nas teorias atuais sobre Psicologia e Educação, com certeza, apontará caminhos para os docentes no cotidiano escolar.

Foi justamente com o propósito de cumprir esse papel que organizamos a coleção "Escola e contemporaneidade: temas emergentes à Psicologia da Educação", ao convidarmos um grupo de autores que vêm construindo saberes e práticas, na interface entre a Psicologia e a Educação, composta por quatro volumes independentes, que abordam as seguintes temáticas:

1. *O cotidiano da escola: as novas demandas educacionais*;
2. *Formadores da criança e do jovem: a escola, os pares, a família e a comunidade*;
3. *Recursos para promover: motivação, formação de conhecimentos, habilidades e atitudes no aprendiz*;
4. *Estratégias para o ensino: processos e resultados.*

Nesse sentido, o campo da Psicologia da Educação pode trazer reflexões sobre a situação inevitável de adaptação da escola e seus atores ao contexto atual e contribuir para a busca de um novo paradigma na compreensão da realidade educacional, além de propor maneiras de resgatar a integração e vinculação dos professores com os alunos no processo de ensino-aprendizagem. Este trabalho pretende refletir, apresentar um posicionamento crítico e sugerir caminhos possíveis.

Novembro de 2011.

Sumário

Apresentação, XI
Denise D´Aurea-Tardeli
Fraulein Vidigal de Paula

1 Educação, trabalho docente e tecnologias: percursos e tensões no processo de significação, 1
   Sheila Daniela Medeiros dos Santos

2 Educação inclusiva: implicações para a educação contemporânea, 35
   Marian Ávila de Lima e Dias

3 Educação Moral: o que tem acontecido nas escolas públicas brasileiras?, 59
   Maria Suzana S. Menin
   Maria Teresa Ceron Trevisol

4 O *bullying* e outras formas de violência na escola, 93
   Denise D´Aurea-Tardeli
   Maria Isabel da Silva Leme

Apresentação

O cotidiano da escola: as novas demandas educacionais

Denise D'Aurea-Tardeli   Fraulein Vidigal de Paula

Há pouco mais de uma década no novo século e novo milênio, a escola vivencia no seu dia a dia uma série de situações, desafios e problemas que possuem sua singularidade, mas que são afetados também pela organização social mais ampla da vida contemporânea e compartilhados pelas instituições escolares em geral, em maior ou menor grau.

Entre essas situações estão aquelas decorrentes da nova Lei de Diretrizes e Bases da Educação de 1996, e de uma série de convenções internacionais, as quais exigem que a escola lide com questões referentes à implementação da educação inclusiva e à instauração de uma cultura de paz e de combate à violência em suas variadas formas de expressão, como o *bulliyng*. Além disso, com o avanço das tecnologias de registro e organização da informação, bem como as pressões e novas configurações do mercado de trabalho no campo educacional, o professor é obrigado a se relacionar com as novas tecnologias midiáticas, lidar com as transformações que isso traz para as suas relações de ensino-aprendizagem e das condições de trabalho.

Este livro é basicamente composto por capítulos que abordam essas questões do ponto de vista de referenciais da Psicologia da Educação de modo analítico, reflexivo, crítico e ao mesmo tempo emancipador. Nesse sentido, em cada um dos capítulos as autoras procuram evidenciar práticas relacionadas a esses temas que não têm atingido seus ideais educacionais originais e apontam estratégias de enfrentamento desses desafios na prática cotidiana da escola.

De modo mais específico, no Capítulo 1, "Educação, trabalho docente e tecnologias: percursos e tensões no processo de significação", de autoria de Sheila Daniela Medeiros dos Santos, são apresentados e discutidos os resultados de um estudo que objetivou analisar os deslocamentos de sentido que marcam as práticas pedagógicas dos docentes ao se apropriarem de seu trabalho no contexto das tecnologias da informação e da comunicação. Em termos práticos, aponta-se a necessidade de problematizar o papel atribuído, muitas vezes central, às tecnologias da informação e da comunicação nas práticas escolares. A autora também salienta o modo distorcido e simplista como alguns referenciais da psicologia são abordados neste contexto de formação para o uso das novas tecnologias, para servirem a propósitos espúrios aos genuinamente educacionais. Ela sugere que esses recursos tecnológicos não sejam simplesmente negados, mas colocados em seu lugar de ferramentas a serviço do professor. De modo rigoroso e claro, a autora examina minuciosamente essas questões e sugere estratégias de enfrentamento pelo professor.

No Capítulo 2, "Educação inclusiva: implicações para a educação contemporânea", Marian Ávila de Lima e Dias faz um histórico e retrata a educação inclusiva hoje, as dimensões políticas, culturais e de práticas pedagógicas envolvidas na busca por uma educação mais democrática e a transformação nos objetivos da educação que a proposta da inclusão pode operar. A organização deste capítulo, que inclui a conceituação da educação inclusiva e a apresentação de situações do cotidiano escolar, nos permite examinar os diferentes sentidos, muitas vezes distorcidos, que a educação inclusiva acabou ganhando, em diferentes modos em que esta se realiza na prática escolar. Da discussão teórica à exposição dos casos, podemos nos surpreender identificando as limitações das práticas escolares em relação à inclusão e pensando em alternativas para aperfeiçoá-las.

O Capítulo 3, de Maria Suzana S. Menin e Maria Teresa Ceron Trevisol, trata da "Educação Moral: o que tem acontecido nas escolas públicas brasileiras?". Neste capítulo, as autoras apresentam alguns resultados de uma pesquisa, iniciada em janeiro de 2009, que investiga e busca descrever experiências bem-sucedidas de Educação Moral ou Educação em Valores Morais e Éticos em escolas públicas de Ensinos Fundamental e Médio em 15 estados brasileiros. Busca-se examinar finalidades, meios, procedimentos, participantes, alcances, resultados, modos de avaliar e duração dessas experiências, assim como outros aspectos mais específicos da Educação Moral. Desse modo, além de reflexivo e de apresentar experiências práticas de implementação da Educação Moral via projetos, este capítulo consiste ainda em apresentar um panorama das escolas públicas brasileiras em relação a programas para o trabalho com a ética e a moralidade.

Relacionado a esse mesmo assunto, o Capítulo 4, " O *bullying* e outras formas de violência na escola", aborda esta polêmica questão. Denise D'Aurea-Tardeli e Maria Isabel da Silva Leme procuram definir e diferenciar esta de outras formas de violência na escola. É apresentado um histórico das primeiras pesquisas sobre *bullying* na Europa até as mais recentes. Há duas décadas não se falava nesse fenômeno no Brasil. Em parte pela dificuldade de identificá-lo como uma expressão da violência escolar e, assim, lidar com esse fenômeno. Atualmente, pelo contrário, esse termo é, muitas vezes, banalizado pela supergeneralização de sua aplicação pela mídia. Por isso, as autoras explicam em detalhes os aspectos que envolvem os atores e contextos para que o *bullying* ocorra e suas consequências. Outro ponto interessante é que a escola finalmente passou a ser chamada a responder e intervir na educação para se evitar a ocorrência do *bullying* e outras formas de violência, por ser responsável pelas relações interpessoais dos alunos e o que com eles acontece, enquanto estão sob sua responsabilidade. Este capítulo aborda e aprofunda essas questões e oferece possíveis estratégias de enfrentamento do *bullying*.

De modo geral, o que constatamos a partir da leitura deste livro é que a escola e toda a comunidade escolar estão envolvidas na resposta a desafios que vão muito além das disciplinas escolares e que se referem à formação do aluno em vários aspectos de seu desenvolvimento humano e de suas aprendizagens. Referem-se também à formação do professor e de suas relações de trabalho, além de um projeto da escola para lidar com tais desafios.

Porém, esses desafios não são estáticos e se modificam em razão do momento histórico, das demandas sociais e das políticas públicas para a educação. Sabemos, no entanto, da dificuldade que consiste em encontrar tempo e fóruns para se pensar e ampliar a compreensão da realidade educacional, discuti-la e elaborar estratégias para lidar com seus desafios diários, no mesmo ritmo que estes se impõem. Esperamos que a leitura deste livro e da comunicação com os saberes aqui compartilhados seja um desses momentos de distanciamento e reflexão sobre a prática educacional e de sua transformação.

Por fim, os capítulos têm em comum o empenho de favorecer a divulgação da pesquisa e teorização no campo da Psicologia da Educação, tornando-os, dessa forma, úteis à prática escolar. Todos eles foram enriquecidos com recursos que ampliam a leitura do texto ou que permitem uma retomada dos principais aspectos abordados. Neste livro, seguimos a diretriz da coleção "Escola e contemporaneidade: temas emergentes à Psicologia da Educação", abordando questões pertinentes a esses temas, refletindo a respeito, apresentando um posicionamento crítico e sugerindo caminhos possíveis.

Boa leitura!

Novembro de 2011.

Educação, trabalho docente e tecnologias: percursos e tensões no processo de significação

Sheila Daniela Medeiros dos Santos

> Constato o primado das coisas sobre as pessoas. Computadores aos milhares sem professores prezados e estimulados são sucata virtual. [...] As pessoas, quando respeitadas no seu ofício, produzem sentido e valor. Com ou sem as coisas. Mas as coisas sem as pessoas são letra morta.
>
> Alfredo Bosi (1996)

Introdução

O processo de globalização e a revolução científico-tecnológica impactam de modo ímpar as bases estruturais das relações sociais e da categoria trabalho no mundo contemporâneo, determinando novas configurações à educação, às políticas públicas, à escola e ao trabalho docente.

Nesse movimento de reconfiguração, a presença das tecnologias da informação e da comunicação tem sido cada vez mais contínua e indelével, legitimando: a normatização e a sistematização de um vocabulário terminológico próprio da área; a construção objetiva dos processos de "desidentidade" (Antunes, 2008) das classes sociais e de "desterritorialização" (Ianni, 2002) das culturas locais; o estabelecimento de eufemismos para acepções pedagógicas a-críticas, o que resulta em profunda retração de políticas públicas educacionais efetivas; e a possibilidade de consolidar mudanças qualitativas na cena educacional, porém somente a partir da adesão ao rigor do pensamento teórico-crítico desvinculado das aporias ideológicas marcadas por iniciativas superficiais e pragmáticas que comportam alternativas à ordem do capital.

Nessa ambiência, o presente texto objetiva compreender o modo como as tecnologias da informação e da comunicação se consolidam na educação escolar, bem como analisar os deslocamentos de sentido que marcam as práticas pedagógicas dos docentes ao se apropriarem de seu trabalho no contexto do capitalismo monopolista e das determinações e antagonismos classistas marcados pelas inovações tecnológicas.

Nos mais variados campos de conhecimento, diversos estudos fazem referência às tecnologias da informação e da comunicação, apresentando ora pontos convergentes, ora divergentes. Autores como Alonso (2008), Barreto (2001, 2004), Blikstein e Zuffo (2003), Kensky (2007), Lévy (1993, 1999), Mamede-Neves (2007), Mattelart (2002), McLuhan (1969), Moreira e Kramer (2007), Pretto (1996), Ramal (2002), Rivoltella (2005), Sancho (2006), Zuin (2006, 2010), entre outros, analisam, cada um a seu modo, questões específicas acerca do tema em destaque.

Alguns desses estudos promovem, indubitavelmente, avanços teóricos significativos, enquanto outros, em contrapartida, apresentam profundas lacunas temáticas e entraves teórico-metodológicos, não apenas pelo fato de seus autores se posicionarem levianamente diante do quadro de referência teórica, mas também por qualificarem a discussão da problemática empreendida como verossímil.

Nesse conjunto de reflexões, os pressupostos teórico-metodológicos de Antunes (2002, 2008), Barreto (2003, 2004) e Vigotski (1995, 1996) possibilitam novos olhares sobre a complexidade do assunto, imputando-lhe maior relevância, consistência e visibilidade nos marcos da sociedade capitalista contemporânea.

Assim, na tentativa de buscar algumas respostas para as contradições e controvérsias inerentes à polêmica que se instaura, o texto parte da premissa de que as falácias da globalização e do ideário político e econômico capitalista, denominado neoliberalismo, desencadeiam "metamorfoses no mundo do trabalho" (Antunes, 2008). Em seguida, trata de questões relativas ao modo como a economia capitalista flexível ou o modelo toyotista de organização e gestão do trabalho incidem drasticamente no campo educacional no que diz respeito à desvalorização da profissionalidade docente e à implementação de novas feições para antigas reformas, legislações e teorias pedagógicas não críticas, que fundamentam o surgimento de modismos, receituários pedagógicos e expressões, como: "aprendizagem significativa" (Ausubel, 1968), "habilidades e competências" (Perrenoud, 2000) e "sociedade do conhecimento ou sociedade da informação" – essa última cunhada nas tramas dos enunciados nodais da globalização.

O texto apresenta também, como princípios básicos a serem considerados nas discussões a respeito das tecnologias da informação e da comunicação, a participação ínfima do Estado como provedor de prioridades e serviços que a sociedade necessita para superar seus problemas, a livre circulação de capitais internacionais e a adoção de medidas contra o protecionismo econômico. Essa reflexão enfatiza a supremacia do Banco Mundial: ao intervir ostensivamente nas decisões econômicas, políticas e sociais do país; ao definir os rumos das políticas públicas desenvolvidas em diversos setores da sociedade; ao impor reformas curriculares, mecanismos de fiscalização e de avaliação às instituições educacionais como processo essencialmente mercadológico e regulatório; e, ainda, ao oficializar "recomendações" utilizando subterfúgios com o intuito de cooptar mecanismos de mercantilização e privatização às necessidades dos sistemas educacionais em substituição aos princípios democráticos que lutam pela igualdade e pela ampliação (com qualidade) do acesso à educação.

Na sequência, o presente estudo analisa os processos de flexibilização e precarização do trabalho docente, à luz das teses da desprofissionalização, da proletarização e da retomada do tecnicismo sob novas bases: o "neotecnicismo". Segundo Freitas (2001), o neotecnicismo disfarçado oculta novas formas de racionalização do sistema educativo e introduz as tecnologias da informação e da comunicação como panaceia educativa.

Nesse momento, tendo em vista os discursos sobre as potencialidades das tecnologias da informação e da comunicação que sustentam as políticas em curso, o texto destaca as estratégias dos programas de educação a distância que não apenas contribuem para o sucateamento das propostas de formação inicial e continuada de professores, como também pleiteiam explícita/implicitamente a substituição da mediação pedagógica do professor pela mediação tecnológica.

Outro aspecto demarcado no texto, ainda que brevemente e que é imprescindível à discussão da tríade "tecnologia, educação escolar e trabalho docente", refere-se às contínuas mudanças nos modos de (re)produção/circulação de saberes e nos processos de letramento na sociedade tecnológica.

Dando continuidade às reflexões empreendidas e recorrendo à matriz histórico-cultural em psicologia, esse estudo revela que o uso das tecnologias da informação e da comunicação, quando se torna alienável do comprometimento político e epistemológico com a educação, agrava a degradação das relações humanas; fomenta o (re)aparecimento de práticas variadas de discriminação e segregação que (re)afirmam estereótipos étnicos, sociais, culturais e de gênero; acentua os processos de exclusão social; e, ainda, põe em risco a noção de ética no trabalho docente.

Nesse quadro, o texto elucida enfaticamente que o que está em jogo não é a negação ou o demérito da essencialidade das tecnologias da informação e da comunicação, mas a problematização das concepções de sociedade, educação, escola e trabalho docente veladas nas propostas educacionais que aderem ao uso desmedido e inadvertido das tecnologias na educação.

Por fim, o texto aponta caminhos possíveis que, nas entrelinhas, encerram a real possibilidade de milhões de brasileiros que vivem em situação de miséria extrema se apropriarem do conhecimento historicamente acumulado como instrumento de emancipação no contexto das tecnologias; se articularem coletivamente aos movimentos sociais que colocam como horizonte a construção de uma sociedade democrática; desenvolverem a consciência crítica para exigirem o devido reconhecimento de seus direitos à cidadania; e, consequentemente, lutarem contra o sistema hegemônico da economia global a fim de que a sociedade seja menos desigual e excludente.

As interfaces da globalização

Na lógica inexorável do processo de globalização, apesar de o capitalismo contemporâneo modificar continuamente as formas de organização técnica e social da estrutura produtiva, ao mesmo tempo que por elas é modificado, é fato que esse sistema econômico emergente mantém em sua essência a exploração da força de trabalho.

Para explicitar melhor essa afirmação, cabe assinalar que os padrões produtivos capitalistas desenvolvidos ao longo do século XX, denominados *fordismo* e *taylorismo*, mesclaram-se com outros processos de produção decorrentes de experiências singulares próprias de países como Itália, Suécia, Alemanha e França. Em alguns casos, esses sistemas chegaram a ser substituídos pelo modelo particular de expansão do capitalismo monopolista do Japão denominado *toyotismo*.

Nesse processo simbiótico, o controle rígido dos tempos e dos movimentos, a produção em série e de massa em unidades concentradas e verticalizadas, bem como o forte despotismo fabril, foram superados pela flexibilização e pelos novos padrões de busca de produtividade e de adequação à lógica de mercado. Expressões como: "Círculos de Controle de Qualidade (CCQs)", "gestão participativa", "qualidade total", entre outras, marcaram as formas transitórias de produção e desregulamentaram e flexibilizaram os direitos dos trabalhadores duramente conquistados ao longo da História.

Como o princípio exclusivo do *toyotismo* é a efetiva especialização flexível tanto do aparato produtivo como dos trabalhadores, sustentada por um mercado essencialmente segmentado, instável e descartável, pode-se afirmar que esse sistema supõe uma intensificação da exploração do trabalho pelo fato de um número mínimo de operários atuar simultaneamente com várias máquinas diversificadas em ritmo frenético em razão do excessivo acúmulo de horas extras e sob o regime de contratos de trabalho temporários e/ou terceirizados.

Antunes (2002) afirma que o capitalismo avançado, característico do processo de globalização, não apenas provoca profundas transformações no mundo do trabalho, nos processos produtivos e nas formas de representação sindical e política, como também promove impetuosas mudanças na materialidade e na subjetividade da "classe-que-vive-do-trabalho" (Antunes, 2008).

Acrescenta-se a tais aspectos as (des)continuidades promovidas pelo processo de desterritorização, enfatizadas por Ianni (2002), e que caracterizam um novo tempo e espaço no cenário nacional e mundial.

> [...] desde fins do século XIX, e em escala crescente e acelerada no século XX, a sociedade modificou-se substancialmente. As sociedades nacionais são progressivamente absorvidas pela sociedade global; ao mesmo tempo em que esta se forma, aquelas se transformam. As relações, os processos e as estruturas de dominação e apropriação, antagonismo e integração, que anteriormente se localizavam no âmago da sociedade nacional, agora localizam-se também, e muitas vezes, principalmente na sociedade global. (Ianni, 2002, p. 171-172)

O processo de desterritorialização afeta implícita e explicitamente os mais variados aspectos da vida humana e, dada a sua amplitude, promove o desenraizamento cultural do indivíduo pelo fato de interferir diretamente em suas formas de trabalho, em suas produções culturais, em seus modos de ser, de pensar e de viver.

Ao lançar-se em âmbito mundial, as sociedades nacionais "parecem desenraizar-se, atravessadas por perspectivas e impasses, tensões e antagonismos desterritorializados" (Ianni, 2002, p. 160). Consequentemente, os indivíduos, as classes sociais, os grupos étnicos e as minorias adquirem outros significados para se adequarem aos padrões exigidos pela sociedade global.

Nessa ótica, o "globaritarismo" (Ramonet, 1999) possui pretensões que não estão relacionadas às causas sociais, mas estão inegavelmente ligadas às questões econômicas. Portanto, não é "a vida" que tem significado para o capital: o que de fato lhe interessa é a venda da força de trabalho, capaz de expropriar o trabalho excedente, como forma de "dar vida", sustentação e continuidade ao sistema de produção capitalista.

Nesse sentido, o novo modelo de organização societal em curso remete-nos ao caráter polissêmico da expressão globalização, expressão esta que em sua formulação mais significativa designa novos processos de produção, de consumo, de fluxo de capitais e de interdependência monetária. No jogo das relações internacionais, a globalização impõe novas regras globais, geralmente formuladas por organizações como o Fundo Monetário Internacional (FMI) e o Banco Mundial, que afetam as decisões econômicas, sociais, políticas e culturais no âmbito Estado-nação.

Acrescenta-se a esses aspectos o fato de a globalização determinar a presença maciça de instituições transnacionais que, sob a nefasta lógica do capitalismo, flexibiliza e precariza o trabalho humano, além de associar-se ao surgimento de novas tecnologias de informação e de comunicação que difundem o discurso neoliberal crescentemente hegemônico, expandindo, como bem observou Lukács (1981), o fenômeno social de estranhamento do processo de trabalho e de produção do conhecimento.

Como diria Marx (1975), em *O Capital*, se é o trabalho como elemento fundante que possibilita ao homem tornar-se, no embate cotidiano, um ser social e distinguir-se de todas as formas não humanas, é esse mesmo trabalho, tal como se objetiva na sociedade capitalista, que é desfigurado, degradado e aviltado, deixando de constituir a finalidade básica de realização humana para converter-se simplesmente em meio de subsistência, em mercadoria.

Nos *Manuscritos econômico-filosóficos de 1844*, Marx (1983) afirma que o estranhamento, enquanto expressão de uma relação social fundada na propriedade privada e no dinheiro, remete-nos a ideia de que a atividade produtiva, dominada pela fragmentação e pelo isolamento do capitalismo, produz obstáculos sociais que dificultam/impedem a compreensão dos processos de mediação entre as objetivações genéricas[1] *em si* e as objetivações genéricas *para si*.

Nesses termos, o homem, enquanto ser social, estranhado e alienado diante do produto do seu trabalho e do próprio ato de produção da vida material, torna-se estranho em relação ao gênero humano. Portanto, a dimensão abstrata do trabalho, através do fetichismo, mascara e faz desvanecer a dimensão objetiva do trabalho essencial para a concretização da condição humana.

Duarte (2004), apoiando-se no materialismo histórico e dialético de Marx e Engels, afirma que a expressão "fetichismo" refere-se à naturalização dos fenômenos humanos e, portanto, as pessoas envolvidas nas tramas que caracterizam a diversidade

---

[1] O ser genérico, em termos marxianos, é entendido como o ser natural que na transformação do mundo objetivo, por meio do trabalho, adquire a condição humana e torna-se um ser cultural.

dos processos sociais "só vêem (*sic*) aquilo que está imediatamente presente e não conseguem analisar o fato imediato à luz da totalidade social" (Duarte, 2004, p. 9).

Em contrapartida, se o indivíduo é a expressão da singularidade e o gênero humano é a dimensão da universalidade, mediados pela particularidade (Lukács, 1981), na sociedade regida pelo capital as múltiplas formas de estranhamento próprias da dimensão abstrata do trabalho provoca a "desidentidade" (Antunes, 2008) entre indivíduo e gênero humano.

Nesse contexto paradoxal, em que o trabalho, por um lado, precariza-se e desqualifica-se pelo fato de uma grande massa de trabalhadores experienciar as formas de *part-time*, de emprego temporário, de trabalho informal e/ou de desemprego estrutural; e, por outro, fragmenta-se, heterogeneiza-se e complexifica-se pelo fato de exigir maior dimensão intelectual, quer nas atividades industriais informatizadas, quer nas esferas compreendidas pelo setor de serviços e comunicacionais, é evidente que as manifestações do estranhamento não desaparecem, nem ao menos se reduzem, mas ao contrário se intensificam de modo ainda mais avassalador.

Em linhas gerais, nessa contextualidade adversa, a versão neoliberal da globalização enfatiza, além da flexibilização, a produtividade, a competitividade, a eficiência, a eficácia e a preocupação exacerbada com o sucesso. Sem contar que não apenas incita os trabalhadores a serem ágeis, polivalentes e multifuncionais, como também, o que é ainda mais preocupante, ataca implacavelmente as instâncias de organização coletiva, os movimentos sociais e a realidade educacional.

Globalização, educação e sociedade do conhecimento

No cenário mundial, as contradições mais extremas e brutais do capitalismo contemporâneo desenham novas configurações (e tendências!) à educação, às políticas públicas, à escola e ao trabalho docente. Por conseguinte, irrompem ideários pedagógicos e/ou modismos educacionais que, ao fazerem uso de posicionamentos valorativos que fascinam e seduzem os profissionais da educação, escondem em seu núcleo essencial tanto o ceticismo pós-moderno como o pragmatismo neoliberal.

Nessa ambiência, as (supostas) pedagogias democráticas desviam a atenção dos educadores e produzem uma atitude pseudocrítica perante a sociedade capitalista, ao difundirem a falsa ideia de que uma educação de qualidade, envolvida com os interesses das classes populares, é aquela que permite aos indivíduos "realizar aprendizagens significativas por si mesmos" (Coll, 1994, p. 136) e descobrir novas formas de ação para que possam desenvolver as "competências" necessárias para melhor adaptação aos ditames da chamada sociedade do conhecimento.

É interessante evidenciar que, embora haja riscos em generalizar o conceito de sociedade do conhecimento, o termo, segundo Ferretti (2008), por ser cunhado e implementado nos múltiplos cenários que analisam as mudanças que ocorrem atualmente no mundo do trabalho e no campo educacional, apresenta caráter polissêmico, abrangente e complexo, principalmente ao associar-se a expressões correlatas tais como "sociedade da informação" e "sociedade pós-industrial".

O grande problema que se instaura é que, ao cair nas armadilhas da generalização, o uso do termo "sociedade do conhecimento", com todas as implicações de seu uso, desconsidera a grande diversidade social, econômica, cultural, étnica e linguística, bem como as condições discursivas/contextuais e os diferentes modos de se apropriar do conhecimento.

No entanto, apesar de o termo apresentar vieses de interpretação distintos e contraditórios, há um denominador comum que aponta para a sociedade de conhecimento como a junção das configurações e dos modos de aplicação das tecnologias da informação e da comunicação em todas as suas possibilidades, a partir da projeção da ciência e da técnica, na definição da produtividade e na busca da competitividade das economias internacionais.

É evidente que a sociedade do conhecimento traz consigo referenciais irrefutáveis, por causa do imenso banco de dados que armazena uma miríade de informações capazes de determinar o desenvolvimento econômico e social e reescrever a história pessoal e profissional dos indivíduos, quantificando-a e controlando-a a partir da lógica das relações mercantis.

Diante dessa problemática, conforme Dias Sobrinho (2005) bem observou, apesar de a sociedade do conhecimento apresentar emblemáticas defesas por uma educação transnacional, em virtude dos processos de internacionalização, e, ainda, anunciar a ideia de que o conhecimento na "sociedade sem fronteiras" é amplamente democratizado, é fato que são os interesses econômicos e a abertura ao mercado que caracterizam as formas de apropriação do conhecimento (re)definindo as relações entre aqueles que "produzem" conhecimento e aqueles que "consomem" o conhecimento.

De acordo com Afonso (2001), a sociedade do conhecimento, em uma aparente busca pela democratização e qualidade da educação, responsabiliza os indivíduos pela sua própria formação e (re)qualificação em função das necessidades cíclicas da economia e das possibilidades de ingressarem ou permanecerem no mercado de trabalho.

Nesse *ethos* social, a legitimidade e a legalidade das relações pautadas nos processos de mercantilização, ao se edificarem no confronto ideológico contemporâneo, financiam e impõem diretrizes à educação definindo objetivos completamente desvinculados dos processos de desenvolvimento pessoal e intelectual do indivíduo em uma dimensão crítica capaz de empreender transformações sociais efetivas.

Nesse sentido, a sociedade do conhecimento, ao pautar-se na ascensão do trabalho dedicado aos serviços e à terceirização e, ainda, ao priorizar a inovação e o desenvolvimento tecnológico, gera inevitáveis formas de exclusão social. Cabe acrescentar que a tais serviços se dirige grande parte dos argumentos produzidos em relação ao papel primordial da iniciativa individual na construção da sociedade cognitiva e da própria qualificação. Este é, seguramente, um dos aspectos mais controversos dos discursos oficiais sobre as políticas de educação e formação que se consolidam atualmente na contemporaneidade.

Atentando para tais aspectos, de acordo com Barreto (2004), é preciso caracterizar a sociedade do conhecimento a partir de uma articulação de empreendimentos econômicos, sociais, políticos e culturais, com o intuito de desvelar e distinguir o conjunto de proposições dos grupos sociais que partem do questionamento dessa sociedade, bem como dos grupos que a assumem como pressuposto, afinal é justamente no nível dos pressupostos implícitos que a ideologia se inscreve no discurso lacunar.

Em síntese, seguindo as pistas dadas por Duarte (2008), a expressão "sociedade do conhecimento" nada mais é que uma ideologia criada pelo sistema capitalista de produção com o objetivo de enfraquecer as críticas e as formas de intervenção coletiva contra o tipo de organização societária dominante.

Nesse contexto, desvaloriza-se a transmissão social e a apropriação dos conhecimentos como possibilidade de instrumentalização teórica necessária para a implementação da luta de classes, descaracteriza-se o papel do professor como mediador indispensável no processo ensino-aprendizagem e dilui-se a função social da escola como *locus* privilegiado onde se realiza o trabalho educativo. Conforme Saviani (1995), o trabalho educativo, por sua vez, deve ser entendido como...

> [...] o ato de produzir, direta e intencionalmente, em cada indivíduo singular, a humanidade que é produzida histórica e coletivamente pelo conjunto dos homens. Assim, o objeto da educação diz respeito, de um lado, à identificação dos elementos culturais que precisam ser assimilados pelos indivíduos da espécie humana para que eles

se tornem humanos e, de outro lado e concomitantemente, à descoberta das formas mais adequadas para atingir esse objetivo. (p. 17)

Nesses termos, a educação possibilita ao homem não apenas adquirir a condição humana, mas também conhecer profundamente os elementos de sua realidade histórica para intervir em suas raízes sociais, transformando-a para a ampliação e consolidação da liberdade, da comunicação efetiva e das relações horizontais colaborativas entre os homens.

Com efeito, a educação torna-se referência e assume papel imprescindível no seio das práticas sociais pelo fato de se constituir como elemento mediador nas relações que se instauram entre o homem e a ética, entre o homem e a cidadania.

De acordo com Saviani (2001), os dois conceitos, ética e cidadania, juntamente com a educação, representam a expressão fundamental da existência humana, e a educação, ao fazer tal mediação, possibilita ao homem não apenas adquirir consciência da dimensão ética no processo de produção de sua existência, compreendendo os fundamentos teóricos, os princípios e as regras sociais que a instituem, mas também confere-lhe a capacidade de assumir consciência da importância do exercício concreto da cidadania, entendendo que, pelo fato de ser possuidor de direitos e deveres diante dos outros e de toda a sociedade, deve lutar para que todo ser humano participe igualmente dos progressos da humanidade.

Entretanto, é possível constatar que a sociedade contemporânea ainda se apresenta cindida e contraditória, acentuando cada vez mais os processos dicotômicos e de exclusão social, pelo fato de a globalização econômica subsumir os valores que priorizam o individualismo, a exigência da competitividade, o utilitarismo, a acumulação desenfreada de bens materiais e a internacionalização relacionadas à maximização dos intercâmbios mundiais aos princípios de liberdade, igualdade, democracia e solidariedade humana. É nessa ambiência e com um papel já anunciado e enunciado que se consolidam as tecnologias de informação e comunicação.

A lógica do Banco Mundial e o protagonismo das tecnologias na educação

No movimento de reconfiguração da educação imposto pela globalização, a presença das tecnologias da informação e da comunicação tem sido cada vez mais contínua, sustentando o surgimento de expressões com fins estilísticos, tais como "cibercultura"² (Lévy, 1999), o apagamento de rastros e referências simbólicas culturais nos processos de constituição do indivíduo e, ainda, o estabelecimento de neologismos para "teorias pedagógicas não críticas" (Saviani, 2008) que, sob o "véu das aparências" (Lefebvre, 1979), ocultam os processos implacáveis de modernização conservadora.

De outro modo, sem a pretensão de intuir uma atitude que conduza ao pessimismo histórico e filosófico engendrado no seio do século XX, é possível afirmar que, apesar das ameaças da nova ordem mundial em face das ambições hegemônicas do imperialismo, a presença das tecnologias da informação e da comunicação pode, em movimento contrário, ainda que em situações ímpares, imprimir diferenças qualitativas na práxis pedagógica.

"Mas como isso seria possível?", poderia perguntar o leitor, dado que vivemos em um mundo globalizado que conspira para a estabilização das diferenças, legitima as múltiplas desigualdades sociais, econômicas e culturais, encarcera os povos periféricos em espaços marginais e, ainda, assenta-se sob as controvérsias de um regime político indubitavelmente opressivo?

Para responder a tal indagação, é preciso, pois, compreender o modo como as tecnologias da informação e da comunicação se consolidam na educação escolar, bem como analisar os deslocamentos de sentido que marcam as práticas pedagógicas dos docentes ao se apropriarem de seu trabalho no contexto das mudanças educacionais paradigmáticas.

É consenso que o novo ordenamento pactuado entre capital, trabalho e Estado, associado às tecnologias da informação e da comunicação, estruturam um discurso pedagógico completamente diferente daquele até então instituído em nossa sociedade.

Nas últimas décadas, a agenda política estabelecida pelo Banco Mundial³ deslocou-se das reformas estruturais e macroeconômicas para as reformas do setor pú-

---

² Para Lévy (1999, p. 17), "a cibercultura é o conjunto de técnicas (materiais e intelectuais), de práticas, de atitudes, de modos de pensamento e de valores que se desenvolvem juntamente com o crescimento do ciberespaço".

³ O Banco Mundial compreende: o Banco Internacional para a Reconstrução e o Desenvolvimento (Bird), a Corporação Financeira Internacional (IFC), a Agência Multilateral de Garantia de Investimentos (Miga), a Associação Internacional de Desenvolvimento (IDA), o Centro Internacional para Resolução de Disputas de Investimentos (ICSID) e o Fundo Mundial para o Meio Ambiente (GEF). Vale acrescentar que a criação e a articulação dessas instituições no interior do grupo Banco Mundial também (re)definem mudanças em seus modos de atuação. Para obter mais informações, consulte: <www.worldbank.org>.

blico, tendo em vista contribuir para a promoção e a estabilidade política do capitalismo de livre-mercado, desobrigando o Estado de suas responsabilidades.

Fonseca (1998), ao analisar os fundamentos políticos que alicerçam a trajetória da "cooperação" ou da "assistência técnica e financeira" do Banco Mundial com os países em desenvolvimento, afirma que, sob o pretexto de melhorar as condições sociais e fortalecer a sociedade civil, as reformas dos setores públicos empreendidas pelo Banco Mundial pautam-se em receituários que não representam sugestões, mas, pelo estabelecimento de condicionalidades para a concessão de financiamentos e do emprego de sanções rígidas pelo descumprimento de uma ordenação política, econômica e social estabelecida, significam verdadeiras imposições que pressionam e manipulam diretrizes políticas e projetos econômicos necessários ao processo global de desenvolvimento.

Convém ressaltar que, no entender de Fonseca (1998) e Altmann (2002), a influência exercida atualmente pelo Banco Mundial nos setores sociais tem sido grande quando comparada àquela exercida por outras agências internacionais, tais como a Organização das Nações Unidas para a Educação, a Ciência e a Cultura (Unesco), a Organização Mundial da Saúde (OMS), a Organização Internacional do Trabalho (OIT), a Organização das Nações Unidas para a Agricultura e a Alimentação (FAO).

A forte ascendência do Banco Mundial na definição das políticas sociais, principalmente na área da educação, obedece a um plano de uniformidade dissimulada, como se fosse resultante de um surpreendente consenso que teria se disseminado pelos países periféricos.

Desse modo, o Banco Mundial, ao anunciar princípios retóricos humanitários de equidade, erradicação da pobreza, igualdade de oportunidades, participação, descentralização e autonomia, confere à educação um papel político preponderante, porém com o propósito de incidir sobre "a quantificação dos insumos escolares" (Fonseca, 1998, p. 9), reduzir o papel do Estado no financiamento da educação e conter as despesas com o ensino através da racionalização. Essa situação é reforçada pelas estratégias governamentais e não governamentais que apelam ao comunitarismo e ao voluntariado sob o pretexto de que o Estado não está cumprindo seu papel e, por isso mesmo, cabe à sociedade preencher a lacuna existente. Todos esses aspectos têm por objetivo atender com eficácia aos imperativos econômicos do sistema internacional. De fato, conforme destacou Leher (1999),

> [...] sob a égide do Banco Mundial, o debate da educação foi transformado em assunto de homens de negócios, banqueiros e estrategistas políticos, compondo a pauta obri-

gatória das revistas e dos jornais do mundo dos negócios que celebram a emergência da sociedade do conhecimento. (p. 17)

Fica, pois, evidente que a cooperação técnica do Banco Mundial à educação brasileira, em um contexto de transformações engendradas pela revolução científico-tecnológica e de preocupação excessiva com indicadores econômicos e de formulações neoliberais, exige a incorporação das tecnologias da informação e da comunicação como elemento central de um novo paradigma educacional a fim de garantir a negociação de acordos comerciais.

O Ministério de Educação (MEC), por sua vez, ao aderir incondicionalmente às "orientações" internacionais anunciadas pelo Banco Mundial com relação às políticas educacionais, legitima discursos que deslocam o papel de sujeito do processo de ensino, até então ocupado pelo professor, para as tecnologias da informação e da comunicação.

Nesse sentido, sem a preocupação de investir em uma política salarial e em programas de formação inicial e continuada de professores que valorizem, de fato, a profissionalidade docente – e, o que é mais inquietante, ratificando (de modo despercebido?) o fascínio pelos aparatos tecnológicos e a posição em defesa da confluência das tecnologias da informação e da comunicação à educação –, o discurso assumido pelo MEC sugere "que tudo irá bem na educação desde que haja televisões e computadores nas escolas" (Chauí, 1999, p. 33).

Desse modo, de acordo com Barreto (2003), os organismos internacionais determinam que todo o conhecimento a ser transmitido pelo professor deve ser restringido e racionalizado por meio da intensificação do uso das tecnologias da informação e da comunicação. Portanto,

> [...] com o conhecimento inscrito nos *softwares*, nos vídeos e nos livros didáticos, um único docente pode atender a um maior número de estudantes, permitindo cortar custos, com a vantagem adicional de uma formação docente mais flexível e condizente com o mundo "globalizado": preferencialmente a distância e em menor tempo! (*grifo da autora*). (Barreto, 2003, p. 277)

Nesse quadro, a máxima da lógica do mercado atual: "quanto maior a presença dos aparatos tecnológicos, menor a necessidade do trabalho humano", consolida formas de transposição que substituem a produção do conhecimento pela circulação de informações, e o princípio do trabalho pela rapidez da comunicação.

De acordo com Alonso (2008), essa referência é fundamental para (re)pensar a profissão docente, pois não basta que a informação transite de um lugar para o outro, é condição essencial apreendê-la sistemática e constantemente. E esse trabalho, indiscutivelmente, pode ser conduzido pelo professor.

Desafios do trabalho docente no contexto das tecnologias

Como já foi destacado anteriormente, as propostas do Banco Mundial para a melhoria da qualidade da educação se limitam à aquisição de equipamentos tecnológicos, à implantação de mecanismos de avaliação unificada externa, à padronização de parâmetros e diretrizes curriculares e à implementação de programas de educação a distância.

Nesse particular, como argumenta Torres (2000), a ampliação do acesso à tecnologia surge (equivocadamente) como uma possível saída para resolver problemas educacionais e conflitos estruturais mais amplos.

Ainda de acordo com esse autor, há uma espécie de "aposta cega nos materiais instrucionais como substitutos da melhoria das condições de trabalho e formação dos professores, e grandes somas aplicadas naqueles em prejuízo desta" (Torres, 1998, p. 179).

Ao reiterar a colocação de Torres (1998), Barreto (2002) afirma que, no atual cenário governamental, acredita-se que a presença das tecnologias da informação e da comunicação é capaz de resolver problemas pedagógicos de todas as ordens, garantindo a qualidade da educação e, por conseguinte, apontando diretrizes para responder às questões sociais, econômicas e políticas que afligem nossa sociedade. Em outros termos, as tecnologias da informação e da comunicação surgem como "solução revolucionária" para as vicissitudes da crise educacional e para a tão devastadora exclusão social.

Nessa perspectiva, as tecnologias da informação e da comunicação deixam de ser entendidas como produções histórico-sociais e passam a ser vistas como fontes de transformação capazes de consolidar a sociedade da informação ou do conhecimento.

Os principais pontos de ancoragem dessas proposições, conforme Freitas (1992), ainda que tenham sido formuladas em bases aparentemente novas, na realidade constituem uma retomada das propostas de teor marcadamente tecnicista produzidas na década de 1970.

Nesse contexto, se, por um lado, acredita-se que as tecnologias da informação e da comunicação contribuem para a superação dos limites impostos pelos recursos metodológicos considerados ultrapassados; por outro, é fato que estas, da maneira como têm sido impostas, pactuam com o aligeiramento e o sucateamento do ensino proporcionado às novas gerações.

Em virtude dos paradoxos e dos conflitos que caracterizam o desenvolvimento desse processo, o conhecimento acaba sendo negociado e filtrado por um intrincado conjunto de decisões políticas. Em contrapartida, saberes e temas significativos à compreensão da existência humana são negligenciados.

No campo educacional tornam-se recorrentes expressões, como: "tutores", "monitores", "facilitadores", "animadores", "multiplicadores", para fazer referência ao papel anteriormente ocupado pelos professores.

Todos esses termos sedimentam o esvaziamento do trabalho docente, restringindo a prática pedagógica do professor à escolha do material didático a ser utilizado nas aulas. Desse enfoque, Freitas (2003) afirma que a categoria "trabalho docente" é substituída pelas denominações "tarefa docente" e "prática reflexiva".

De fato, conforme Oliveira (2007), atualmente está ocorrendo um deslocamento temático das relações de trabalho docente para as relações de emprego docente, produzindo fissuras que refletem as concepções dominantes sobre a realidade.

Assim, na medida em que as tecnologias da informação e da comunicação ocupam a posição de sujeito no movimento de virtualização do ensino, ações estratégicas para implementar propostas de educação a distância (EAD) são desenvolvidas. Essas propostas, legitimadas pelo MEC, afirmam que a EAD:

- Representa um enorme potencial didático-pedagógico pelo fato de tornar os conteúdos "atrativos" e "motivadores" aos discentes.

- Apresenta respostas flexíveis aos discentes que necessitam de diferentes tipos de informação e treinamento.
- Amplia as oportunidades de acesso à educação escolar onde os recursos são precários.
- Proporciona aos discentes formas rápidas de atualização em diversas áreas do conhecimento.
- Oferece aos discentes ambientes de aprendizagem contínua, considerando a disponibilidade de tempo e o ritmo de aprendizagem.
- Possibilita a inclusão digital, superando as distâncias geográficas e as desigualdades sociais.

Nesse panorama, as tecnologias da informação e da comunicação e a educação a distância trazem à tona a discussão sobre o lugar ocupado pelos professores na condição de profissional do ensino.

A educação a distância, condizente com as regras da sociedade neoliberal, antevê cada vez menos professores e mais alunos sob a justificativa de que a aprendizagem ocorre desvinculada do ensino e de que esta depende menos do papel do professor como mediador e problematizador do conhecimento e mais dos materiais e recursos tecnológicos utilizados.

De acordo com Barreto (2004), a materialização desse enunciado se assenta na ideia (equivocada) de que é possível promover uma cisão na relação dialética e na unidade indissociável existente entre ensino e aprendizagem, ou melhor, de que é concebível que a aprendizagem se processe desvinculada do ensino ou o ensino se processe completamente incorporado aos materiais que sustentam as alternativas de *e-learning*.

Sendo assim, na rede informacional, os professores deixam de ser protagonistas inerentes e necessários ao processo ensino-aprendizagem e passam a ser consultores metodológicos, animadores de grupos de trabalho e orientadores nas formas de organização de estudos e nos modos de lidar com os acertos e erros que se colocam durante a avaliação imediata para a verificação da aprendizagem.

É nessa ambiência que a formação inicial e continuada de professores igualmente se encerra, seja pelos obstáculos gerados no e pelo modo como o conhecimento tem sido produzido e socializado, seja pelo desprestígio e pela ausência de condições dignas de trabalho que rondam os (des)caminhos da profissionalidade docente.

As simplificações e os progressivos deslocamentos de sentido que marcam o trabalho docente e que embasam os argumentos dos órgãos oficiais expressam o enfraquecimento dos programas de formação de professores. No que diz respeito especificamente aos programas de formação continuada, pode-se dizer que estes geralmente são chamados programas de "capacitação em serviço", "treinamento" ou "reciclagem".

Simultaneamente, é possível encontrar nessa realidade demandas relacionadas à universalização do ensino que expressam, por um lado, a urgência em formar, qualificar e especializar um contingente maior de indivíduos para o mundo do trabalho e, por outro, a premência em dispor de alternativas de formação que transcendam os padrões mais tradicionais de promovê-la. É importante pontuar que os processos de formação inscritos nesses moldes identificam-se, incontestavelmente, à certificação em massa.

Ilustração: Sidnei José dos Santos.

Desse modo, priorizando uma formação com base em "habilidades" e "competências" e apostando no poder prodigioso dos materiais ditos "autoinstrucionais", o reducionismo das propostas de formação torna-se inevitável. Por conseguinte, de maneira (aparentemente) paradoxal, o reducionismo se entrelaça à sofisticação dos aparatos tecnológicos e das ferramentas virtuais, enquanto subjacente a esses aspectos está a preocupação com a "qualidade total" na educação.

Nesse quadro, as políticas atuais investem contra o rigor dos procedimentos burocráticos e da rotina cristalizada, desafiam os docentes a serem ágeis, a atentarem-se às rápidas mudanças e a forçosamente admitirem os processos de subcontratação, de trabalho em tempo parcial e de terceirização.

Em consequência, a flexibilização das relações trabalhistas é exigida dos docentes ao mesmo tempo que é disseminada entre os discentes para que estes a aceitem sem questionamentos quando ingressarem futuramente no mercado de trabalho.

É fato que a formação inicial e continuada em cursos de educação a distância, da maneira como tem sido implementada em nossa sociedade neoliberal, contribui para avaltar a relevância das relações sociais, intensificar os processos de alienação, acentuar os processos de exclusão e pôr em risco a ética do trabalho docente. No plano ideológico, a escolaridade cada vez mais qualifica para um trabalho controlado pela tela, e não mais relacionado à práxis pedagógica.

A faceta mais grave desse processo está no fato de que os indivíduos conhecem cada vez menos a natureza do resultado de sua produção e, ainda assim, tornam-se mais competitivos, em um ambiente no qual preconceitos e mecanismos de segregação prevalecem.

É importante sublinhar que em programas de formação que recorrem parcialmente às tecnologias da informação e da comunicação, a fim de potencializarem o ensino, tal como fazem os cursos denominados semipresenciais, a precarização do trabalho docente é explícita, uma vez que há uma sobrecarga de trabalho sem que haja o redimensionamento da remuneração dos professores.

Sob o (falso) discurso de que os professores economizarão tempo e dinheiro pelo fato de terem a possibilidade de se conectarem aos alunos "na tranquilidade de suas casas" e de não despenderem gastos com transportes para irem até o local de trabalho; sob a (falsa) alegação de que não mais enfrentarão problemas com a indisciplina dos alunos em sala de aula ou não mais vivenciarão situações constrangedoras em razão das inúmeras reclamações dos alunos em relação às notas ou à didática do professor; e, ainda, sob o (falso) pretexto de que terão maior autonomia e flexibilidade de horário para "atender" aos alunos on-line, impõe-se aos docentes uma condição ainda mais precária e perversa que aquela em que viviam anteriormente.

Como bem lembrou Oliveira (2007), esse aspecto refere-se ao paradoxo do modelo regulatório próprio do neoliberalismo, uma vez que o uso das tecnologias, com destaque para o ensino a distância, ao mesmo tempo que (supostamente) amplia a autonomia dos docentes, proporcionalmente agrava o controle sobre eles. Nesse sentido, diz a autora:

> Esse modelo de autonomia está centrado em maior responsabilização dos envolvidos que têm de responder pelo que fazem, como fazem e para que fazem. Sendo assim, aumenta a responsabilidade dos trabalhadores docentes sobre o êxito dos alunos, ampliando os raios de ação e competência desses profissionais. O sucesso dos alunos é algo exaustivamente mensurado, avaliado sistematicamente por instrumentos que não são elaborados no contexto escolar. (Oliveira, 2007, p. 6)

Com efeito, sob ênfase semelhante, Scheibe (2006) e Zuin (2006) apontam para a "pulverização da autoridade pedagógica" presente nos cursos de formação de professores a distância que recorrem à mediação técnica e aos serviços de apoio prestados por tutores, professores autores de materiais didáticos, professores executores, entre outros.

Em sentido contrário às críticas desenhadas, Moran (2007) aponta as inúmeras vantagens da educação a distância e afirma que existem cursos individuais e cursos para pequenos ou grandes grupos nas mais variadas modalidades para suprir as necessidades emergentes. Ao discorrer sobre tais aspectos, esse autor afirma que a educação a distância abrange uma complexidade de relações e um intenso trabalho coletivo por envolver diversos profissionais, tais como: tutores, autores, revisores, especialistas de EAD e *webdesigners*.

De outro modo, esse espaço de construção coletiva, de relações compartilhadas, inexiste nos cursos de educação a distância implantados na maioria das instituições brasileiras de ensino que não apresentam uma proposta séria e comprometida política e epistemologicamente com a educação.

Essas instituições investem nas videoconferências, na tutoria on-line, nas apostilas e conteúdos *web*, nos fóruns de debates, nos *e-books* e em outros materiais didáticos com o intuito de diminuir o número de professores contratados e aumentar de forma gigantesca o número de alunos por professor. O professor é simultaneamente o tutor, o autor, o revisor, o executor, o assessor pedagógico, o *webdesigner*.

Nesse âmbito circunscrito, o professor não "ganha tempo", mas ao contrário despende grande parte de seu tempo realizando pesquisas em busca de conteúdos, animações, gravações em áudio e vídeo, hipertextos, *wikis*, multimídias e outras ferramentas, para que possa disponibilizar aos alunos materiais on-line com orientações precisas a fim de tornar as aulas virtuais atrativas e de fácil navegação. Sem contar que, nesse caso, o professor não consegue dar conta de ler os textos de centenas ou até milhares de alunos, acompanhar todos os fóruns ou listas de discussão, responder aos *e-mails*, esclarecer dúvidas, encaminhar o "gabarito" das atividades propostas e quantificar o desempenho dos alunos nas avaliações realizadas.

No contexto descrito, é evidente que o professor não tem autonomia, pois sua (hipotética) liberdade sofre um controle sem precedentes de uma "central" que monitora os momentos e os números de acesso em que ele se conecta aos alunos.

Assim, a proposta de formação inicial e continuada a distância, sob o mote da superação das extensões geográficas e das desigualdades sociais, tem filiações inegáveis com as manifestações das novas concepções neoliberais hegemônicas do mundo globalizado.

A paisagem que vai sendo delineada a partir das argumentações expostas aponta para o fato de que os professores vivenciam uma realidade marcada pelo número excessivo de alunos nas salas de aula; pela insegurança dos contratos temporários em caráter de substituição – nota-se uma grande rotatividade entre os professores, sendo difícil a articulação para a construção de um projeto coletivo; pela ausência de garantia de seus direitos sociais; pelas remunerações defasadas, sem perspectivas de recuperação de perdas salariais; pela desvalorização de sua função social; pela coibição às práticas de organização sindical; pelas retaliações sofridas ao exercerem a autonomia e a expressão de suas ideias; e pelos empecilhos que se colocam diante das iniciativas de criação e implementação de grupos de estudo, de pesquisa e de processos formativos. Além disso, como o valor hora-aula costuma ser baixo, o docente vincula-se a diferentes instituições de ensino, simultaneamente, ministrando várias disciplinas e deslocando-se de um extremo a outro para poder cumprir sua jornada de trabalho.

Essa situação se articula ao desmonte da escola pública e acompanha o movimento de impropriedade e irrelevância do papel social do professor, inviabilizando a realização de um trabalho acadêmico digno, propiciando práticas que contradizem discursos e subtraindo a dimensão crítica do campo da política, da ética e da produção de conhecimento que envolve a profissionalidade docente.

O quadro a seguir mostra, em síntese, os aspectos que os professores experienciam nesse território:

- A superexploração e a precarização do trabalho.
- O aumento do emprego informal e dos contratos temporários.
- A desregulamentação da legislação trabalhista.
- As terceirizações, a venda de serviços e o desemprego estrutural.

- A primazia dos interesses individuais em detrimento aos interesses coletivos.
- A ênfase na competição e na concepção meritocrática do trabalho docente baseada em avaliações e exames.
- A prioridade ao conhecimento "útil e rentável".
- A fragilização do poder sindical e dos movimentos sociais.
- A prioridade postergada no âmbito dos programas de formação docente.
- A criação de cursos de formação flexíveis e rápidos.
- A falta de apoio às atividades de formação continuada cuja ausência é impeditiva da profissionalização como direito dos docentes e dever do Estado.

De acordo com Barreto (2004), é justamente nessa teia inextricável que se edificam: a estratégia de substituição da mediação pedagógica do professor pela mediação tecnológica; o perigo de a educação enfatizar somente as demandas específicas, efêmeras e superficiais, em vez de priorizar problemas de grande alcance; e, o que é ainda mais preocupante, o acentuamento dos debates sobre uma "sociedade sem escolas" (Illich, 1973).

Em face da problematização apresentada, torna-se premente discutir e superar os determinismos e as dicotomias sociais a fim de resgatar o papel específico da escola como espaço histórico-cultural constituído por uma complexa trama de relações sociais que envolve imposição, transgressão e/ou negociação de regras; aceitação, resistência e/ou luta contra o poder estabelecido; criação, transformação e/ou aceitação de estratégias individuais e coletivas; e, ainda, produção, transmissão e/ou apropriação de conhecimentos.

A educação escolar e a "navegação" através das tecnologias: detalhes em destaque

Na lógica eficientista, em que qualidade significa racionalidade e otimização de processos, outro aspecto imprescindível à discussão sobre as relações entre tecnologia, educação escolar e trabalho docente refere-se às progressivas transformações nos modos de produzir conhecimento, nos espaços de circulação dos saberes e nas práticas de leitura/escrita das crianças e dos jovens.

De acordo com Rodriguez (1996), as fontes em que as crianças, os jovens e os adultos buscam e encontram informações são muito diversas e as tecnologias da informação e da comunicação oferecem uma pluralidade de espaços e de recursos que conduzem a novas formas de ensinar e de aprender. São experiências inéditas que no mundo atual se confrontam e se defrontam, desafiando a escola e os professores a compreender e a interagir com as novas possibilidades.

Segundo Chartier (1999), as novas gerações têm sido influenciadas por maneiras diferentes de ler e escrever, incorporando linguagens e modos "de navegar na internet" ao fazer escolar. Nota-se, assim, progressivas mudanças nos modos de produzir textos e nas práticas de leitura. Sem contar que,

> a representação eletrônica dos textos modifica totalmente a sua condição: ela substitui a materialidade do livro pela imaterialidade de textos sem lugar específico; às relações de continuidade estabelecidas no objeto impresso ela opõe a livre composição de fragmentos indefinidamente manipuláveis. (Chartier, 1994, p. 101)

Diante desse fato, em vez de seguir a regularidade estabelecida pelas características espaciais do livro, por exemplo, a disposição das páginas encadernadas em uma sequência, que se orientam pela ordem dos acontecimentos da narrativa conforme determinação do escritor/autor, o hipertexto, segundo Lévy (1993), feito de remissões e diálogos potenciais, oferece ao leitor a possibilidade de (re)compor e (re)escrever o texto pela virtualidade.

> A metáfora do hipertexto dá conta da estrutura indefinidamente recursiva do sentido, pois, já que ele conecta palavras e frases cujos significados remetem-se uns aos outros, dialogam e ecoam mutuamente para além da linearidade do discurso, um texto já é sempre um hipertexto, uma rede de associações. (p. 73)

Para Lévy (1993), a cada percurso de leituras possíveis, a cada rearranjo dos fragmentos de um texto, surgem novos textos. Esse autor, ancorado na filosofia de Deleuze, ou melhor, apoiado em um referencial distinto daquele que está sendo aqui defendido, ao discorrer sobre a multiplicidade dos suportes textuais, afirma que é necessário ter em conta que os diferentes tipos de registro e de transmissão (tradição oral, escrita, registro audiovisual, redes digitais) propõem velocidades, cadências ou qualidades de histórias distintas.

Em relação à cultura do texto levada ao desenvolvimento no espaço de comunicação das redes digitais, esse autor conclui:

> Longe de aniquilar o texto, a virtualização parece fazê-lo coincidir com sua essência subitamente desvelada. Como se a virtualização contemporânea realizasse o devir do texto. Enfim, como se saíssemos de certa pré-história e a aventura do texto começasse realmente. Como se acabássemos de inventar a escrita. (Lévy, 1996, p. 50)

Em contrapartida, Machado (1993, p. 206), ao admitir que na não linearidade dos ambientes virtuais irrompe "um imenso mar de textos que se superpõem e se tangenciam", acredita que os recursos tecnológicos, ao difundirem uma imensa quantidade de textos massivamente, imprimem de maneira proposital um caráter lúdico à sua utilização, capaz de tornar interessante e de prender a atenção das crianças e dos jovens "qualquer asneira" que apareça na tela sob a forma de "figuras flamejantes e multicoloridas" (Machado, 1993, p. 13).

Obviamente, as mídias digitais exigem, ao menos daqueles que a elas têm acesso, o emprego constante da leitura e da escrita. Se, de um lado, acredita-se que crianças e jovens leem e escrevem mais; de outro, a proliferação textual pode se tornar obstáculo ao conhecimento ou à própria confiabilidade da leitura e da escrita, em razão da escrita abreviada, cifrada, simplificada e apressada. Além disso, a multiplicidade de informações efêmeras e fragmentadas pode tornar as crianças e os jovens completamente dependentes do uso da tecnologia, da imensa quantidade de imagens e frases concisas e simplificadas que coíbem os sentidos possíveis a partir de intenções específicas.

Refletindo sobre essas ideias, apesar da advertência proferida por Chartier (1994), salientando que a concepção eletrônica dos textos não deve, de forma alguma, significar a renúncia, o esquecimento ou a devastação de recursos metodológicos que foram seus suportes, é difícil imaginar como os novos conhecimentos (adquiridos ou construídos) podem se enraizar solidamente nas trajetórias vividas, considerando a rapidez com que circulam, se renovam e se esvaecem. O problema atinente a tais aspectos, de acordo com Barreto (2001, p. 208), é que "não há muitos indícios de uma apropriação crítica das *novas linguagens*" (grifo da autora).

Tanto isso é real que as diferenças, as desigualdades, as divergências e as discrepâncias persistem de modo brutal em nossa sociedade. A disseminação estandardizada dos aparatos tecnológicos não elimina a diversidade existente nas relações sociais ou as desigualdades econômicas.

A alternativa não é rejeitar as tecnologias. Nem tampouco a expansão das diversas possibilidades de acesso às informações disponíveis. Como o ensino é o lugar inconstante e privilegiado de mediações, torna-se imprescindível (re)formular questões centrais sobre os modos pelos quais as crianças e os jovens se relacionam e se apropriam das informações, incorporando condições recorrentes e/ou peculiares de (re)produção do conhecimento objetivado.

> Quando as mediações são obliteradas, são esvaziadas possibilidades das práticas pedagógicas. Quando os meios de ensinar e os materiais didáticos são postos como substitutos do trabalho docente, o barateamento do ensino é inevitável. Quando as multimídias servem como ilustrações para a transmissão rápida dos conhecimentos, o

decantado paradigma é investido de uma indigência muito particular: a que joga fora as possibilidades de reconfigurar as mediações com base nos meios; a que se aproxima dos novos materiais, querendo "*distância*" do trabalho (velho ou reconfigurado) com eles (grifo da autora). (Barreto, 2000, p. 12)

Uma das expressões dessa tensão provocada pelo uso das tecnologias na escola refere-se ao reconhecimento de que não se trata apenas de novos formatos para velhos conteúdos e materiais travestidos de uma perspectiva compulsoriamente "integrada e plugada", mas se trata de considerar as novas configurações fundadas, conforme Kristeva (1988), na articulação de práticas de linguagens significantes socialmente desenvolvidas, a partir das condições de produção históricas e circunstanciais no enredo das tecnologias.

Caso contrário, como bem observou Barreto (2001), ao fazer uso de uma metáfora bastante pertinente no "oceano das informações", dois grandes impasses podem ser facilmente identificados: o limite de estar sempre na superfície e a condição persistente de se sentir à deriva, como um viajante perdido. Nesse sentido, resta a navegação ou o *surf* na opacidade de águas turvas ou a impossibilidade de mergulhar na infinitude de um mar que se apresenta desconhecido.

Mas como os professores poderiam contribuir para um ensino efetivo se no mundo globalizado, marcado pela política neoliberal, o conhecimento é relativizado e trabalhado à margem das novas possibilidades que as tecnologias da informação e da comunicação trazem para os alunos? Como os professores poderiam resgatar a relevância do lugar que ocupam no contexto educativo em tempos de rede e de inovação tecnológica? Como seria possível restabelecer a função social da escola no processo de democratização de um ensino de qualidade, considerando as mazelas da "era do globalismo" (Ianni, 2006)?

Pelos caminhos e veredas da educação e das tecnologias: possíveis saídas

Diante das dúvidas e perplexidades geradas pelo impacto das tecnologias da informação e da comunicação na educação e no trabalho docente, cumpre destacar que, atualmente, falta à maioria das análises teóricas sobre essa temática uma perspectiva filosófica crítica e coerente que compreenda as relações sociais, as identidades e as singularidades que estão imbricadas no desenvolvimento tecnológico.

Considerando que cada perspectiva teórica prioriza em suas reflexões aspectos distintos e apresenta explicações bastante discrepantes para encontrar respostas para as questões esboçadas, é necessário buscar sustentação em um referencial que possibilite ir além do perceptivo, desvendar as contradições da nova materialidade intercapitalista e confrontar as experiências, as hipóteses e os conhecimentos produzidos historicamente.

Os pressupostos teórico-metodológicos de Vigotski (1995, 1996) ancorados no materialismo histórico e dialético, ao apontarem para a possibilidade de ir além das aparências, desvelando a essência das contradições, promovem avanços significativos no modo de conceber a relação entre as tecnologias da informação e da comunicação, a educação e o trabalho docente. Tais pressupostos podem ser brevemente sintetizados:

1. O homem é um ser cultural. O homem transforma a natureza, por meio da atividade do trabalho, para suprir suas necessidades de existência diante do mundo. Ao transformá-la, o homem também se transforma, o que lhe confere a possibilidade de desenvolver funções especificamente humanas e, por conseguinte, adquirir a condição humana (Vigotski, 1994).
2. A consciência humana não é exclusivamente de natureza biológica, mas é produto da história social e cultural dos homens (Vigotski, 2000). O cérebro é materialidade fisiológica que determina as características, os limites e as possibilidades do funcionamento psíquico, sendo condição imprescindível, porém não suficiente para se concretizar a condição humana.
3. Toda atividade humana é de natureza imaginária, podendo ser compreendida somente através da concepção de *mediação semiótica* edificado na teoria marxista da produção cujas premissas filosóficas constam nas obras: *Manuscritos econômico-filosóficos de 1844* (Marx, 1983) e *O capital* (Marx, 1975).

De forma mais explícita, pode-se dizer que é no materialismo histórico e dialético, na qual se inscreve a relação recíproca natureza ⇔ cultura, que deve se situar o lugar do debate que a relação entre as tecnologias da informação e da comunicação, a educação e o trabalho docente levanta na sociedade contemporânea. Dizer que uma relação é dialética implica afirmar que tal relação é composta por dois termos que se negam de modo recíproco, ao mesmo tempo que são inextricavelmente constitutivos.

Retomando o ponto de partida do conjunto de reflexões, as tecnologias da informação e da comunicação modificam as relações entre os homens, da mesma maneira que os próprios homens, nesse contexto, modificam a si mesmos. Mas esse não é simplesmente o ponto de chegada, pois, uma vez modificados, os homens imprimem novas mudanças nas tecnologias da informação e da comunicação em um movimento dialético incessante.

Convém enfatizar que as tecnologias da informação e da comunicação suscitam progressivamente, como por impregnação, um novo modo de ser do homem em todas as esferas da vida social e em todos os planos genéticos que o envolvem: a ontogênese, a filogênese, a sociogênese e a microgênese.[4]

De outro modo, é essencialmente relevante que esse referencial teórico dialogue com outras áreas das ciências humanas: a História, a Filosofia, a Sociologia, a Antropologia, entre outras, para que possa contribuir de maneira profícua para a compreensão dos processos implicados na (re)configuração da educação, da escola, do trabalho docente e das políticas de formação de professores no mundo globalizado.

Considerando essas bases teóricas, é notório que a educação escolar (re)coloca a cada instante a síntese do velho e a possibilidade da construção do novo. Portanto, reinventar e redefinir uma lógica para a escola não significa afastá-la dos recursos tecnológicos e das possibilidades que eles oferecem, mas admitir que a educação escolar demanda certos processos, princípios e modos de interação que lhe são peculiares e que não coincidem com as necessidades, as estratégias e os percursos exigidos pelas tecnologias da informação e da comunicação.

Segundo Martín-Barbero (2006), são visíveis as dificuldades, as dúvidas e as incertezas dos docentes diante dos desafios impostos pelas tecnologias da informação e da comunicação.

Nessa mesma direção, Oliveira (2004) afirma que, por força da própria legislação e dos programas das reformas implementadas, os docentes se sentem inseguros e desamparados, pois, além de faltar-lhes condições de trabalho, são obrigados a dominar novos modismos pedagógicos no exercício de suas funções, tais como a pedagogia de projetos, a transversalidade dos currículos e as avaliações formativas.

Não obstante, muitas vezes os docentes adotam uma posição defensiva ou até negativa, no que se refere às mídias e às tecnologias digitais, como se pudessem deter seu impacto e afirmar o lugar da escola e seu na legitimação do saber.

---

[4] De acordo com a perspectiva histórico-cultural em psicologia cujo principal representante é Vigotski, em termos gerais, a filogênese é a história da evolução do homem; a ontogênese é a história singular do indivíduo enquanto espécie humana; a sociogênese é a história do contexto cultural no qual o indivíduo está inserido e que, de certa forma, define seu funcionamento psicológico; e a microgênese refere-se à história de cada fenômeno psicológico de um modo peculiar.

Esse horizonte remete os docentes a uma superação: a negação ou a desistência em reconhecer que há grandes mudanças e novos recursos tecnológicos que formam e informam crianças e jovens na sociedade contemporânea.

Refletindo sobre tais aspectos, é possível adotar uma posição em defesa das tecnologias da informação e da comunicação se estas forem consideradas objeto social, como instrumento de mediação criado pelo homem na relação homem ⇔ mundo, afinal, como bem observou Duarte (2004):

> Um instrumento é, em determinado sentido, resultado imediato da atividade de quem o produziu. Neste sentido contém o trabalho objetivado da pessoa ou das pessoas que participaram de sua produção. Mas ele é também atividade humana objetivada em outro sentido, qual seja, como resultado da história de "gerações" de instrumentos do mesmo tipo. Durante essa história, o instrumento vai sofrendo transformações e aperfeiçoamentos por exigência da atividade social. Portanto, os produtos culturais resultantes do processo de objetivação são sempre sínteses da atividade humana. (Duarte, 2004, p. 51)

Outra característica importante é que o homem, ao produzir instrumentos, também produz relações sociais. Em seus traços essenciais, tanto os instrumentos como as relações sociais adquirem uma realidade objetiva pelo fato de serem resultado da atividade humana. Pode-se depreender daí que as tecnologias da informação e da comunicação, após o processo de objetivação – processo de produção e reprodução da cultura humana e da vida em sociedade –, assumem uma função específica no interior da prática social, já que a atividade física ou mental do homem ao produzir tais instrumentos transfere-se para os produtos dessa atividade. A partir dessa análise é fundamental ao professor:

- Resistir às práticas que o tornam subordinado aos aparatos tecnológicos sob o pretexto de que poderá desenvolver um fazer pedagógico "eficiente".
- Resgatar o conceito de trabalho objetivado proposto por Marx (1975) a fim de marcá-lo como elemento central no campo da educação, (res)significando a atividade de produção tecnológica.
- Descobrir os pressupostos ideológicos contidos nas reformas oriundas do uso das tecnologias da informação e da comunicação, que, na maioria das vezes, têm caráter estritamente assistencialista e compensatório.
- Aprofundar as análises sobre *significado* e *sentido* do papel social de professor na sociedade contemporânea.

Nesse ponto, é essencial considerar, de acordo com Vigotski (1994), que enquanto o significado possui em sua essência certo grau de estabilidade que se refere à generalização e ao estabelecimento das práticas sociais humanas, sendo atribuído convencionalmente pela sociedade, o sentido exprime a relação pessoal, porém de natureza social, que o homem mantém com este significado. Como o sentido provém da experiência coletiva da humanidade e emerge nas/das práticas sociais efetivas, com o tempo, pode modificar o significado instituído nas situações concretas. Trata-se de uma relação dialética em que o significado pode alterar o sentido, ao mesmo tempo que o sentido pode alterar o significado. Portanto, os papéis sociais desempenhados pelos professores em tempos de tecnologias da informação e da comunicação vão se constituindo, se fixando ou se transformando em um emaranhado de relações sociais.

Assim, na conjuntura da globalização e das reformas neoliberais, se o sentido da função social atribuída ao professor for apenas de propiciar condições materiais para sua sobrevivência, ou seja, de trabalhar única e exclusivamente pelo salário, e o significado do papel de professor fixado socialmente expressar as ações concretas de um profissional que deve lutar pela garantia de condições de trabalho e remuneração dignas; buscar a elevação da qualidade da educação referenciada socialmente sem resvalar no ecletismo; ansiar veementemente pela gestão democrática dos processos educativos e formativos; e assumir a responsabilidade política e social na construção de um projeto de formação emancipatória, haverá a cisão entre o sentido imposto pela ordem vigente e o significado determinado socialmente, ainda que seja utópico, pela sociedade.

Se houver predominância desse sentido, a prática educativa poderá ser descaracterizada, comprometendo a qualidade do ensino e, consequentemente, modificando o significado do papel social de professor mencionado. Vale ressaltar que ele pode ocorrer de modo contrário, em virtude do caráter de dialeticidade: um sentido crítico modificar um significado a-crítico e vice-versa.

As discussões aqui expostas indicam a gravidade do problema e o delineamento de um novo modo de conceber a escola e o trabalho docente, em que o lugar do conhecimento e da consciência crítica vai se destituindo pouco a pouco.

No entanto, como a prática pedagógica é paradoxal, manifesta-se em meio a embates e tensões da cotidianidade, provoca movimentos de enfrentamento e ruptura diante de condições adversas e não sofre um processo tão devastador no que diz respeito à autonomia e à participação política e social como ocorre no âmbito do trabalho diretamente produtivo, é possível antever caminhos que conduzam a um trabalho comprometido com a ética e a transformação social, de tal forma que significado e sentido coincidam de modo efetivo.

Por essa razão, os desafios que se colocam à educação escolar, bem como à formação inicial e continuada dos professores, convergem, cada vez mais, para a compreensão do trabalho docente e da escola como *locus* privilegiado de construção coletiva e de sólida apropriação dos conhecimentos científicos, culturais e sociais.

Em tempos de tanta instabilidade e desesperança, é preciso acreditar na educação, na escola, na formação de cidadãos éticos, na consolidação da democratização da sociedade e na redução das desigualdades sociais.

Nessa arena de embates, faz-se necessário ter em conta que transformações sociais expressivas devem partir da compreensão do cenário emblemático, reconhecidamente tácito e controverso que se configura no tempo presente, para que seja possível vislumbrar ideias que poderão ser consensuais ou polêmicas, irredutíveis ou negociáveis, irrelevantes ou prioritárias, efêmeras ou perduráveis. Seja como for, a profundidade e a amplitude das mudanças dependerão da possibilidade de enfrentamento e de articulação coletiva que na sociedade atual está consideravelmente fragilizada.

É preciso, ainda, acreditar que os sofismas da globalização e do neoliberalismo poderão ser desvelados, apesar das variadas formas de dissimulação, deixando à mostra resquícios do desemprego estrutural, da dependência dos impérios econômicos externos e dos esquemas financeiros ilícitos como forma de acumulação do capital e de intensificação da exploração do trabalhador.

Compreender os aspectos nucleares do trabalho docente no mundo globalizado e de grandes avanços tecnológicos é um modo de contrastar paradigmas divergentes ancorados em parâmetros teórico-epistemológicos distintos e em projetos históricos de sociedade antagônicos.

Desse modo, torna-se impreterível aos docentes assumir um posicionamento político de compromisso com a educação, considerar o movimento dialético presente nas relações de ensino-aprendizagem e identificar as condições econômicas, políticas, sociais, históricas e culturais entretecidas nos processos escolares.

Nesse ínterim, o acesso à educação pública, gratuita e de qualidade, no contexto das tecnologias da informação e da comunicação, depende de mudanças drásticas e profundas na sociedade, nos processos educacionais e na escola. E uma educação de (boa) qualidade demanda, entre outros aspectos, uma postura crítica e criteriosa perante o uso dos recursos tecnológicos.

Em linhas gerais, é de fundamental importância discutir o que se entende por um ensino de qualidade, bem como analisar os contornos conceituais do termo trabalho docente, a fim de inscrever (uma outra) qualidade à educação escolar.

De acordo com Pino (2010), o conhecimento e a análise cuidadosa das vantagens e dos limites das tecnologias da informação e da comunicação devem permitir sua incorporação crítica pela educação.

Portanto, o corolário dos entraves apresentados é que somente uma atenta análise política poderá apreender os ditames e as proposições neoliberais da globalização, para mostrar não apenas a ponta do *iceberg* em que se inscrevem os diversos prismas da relação existente entre as tecnologias da informação e da comunicação, a educação escolar e o trabalho docente, mas também para revelar as dimensões lineares e as partes submersas complexas da temática que são de difícil enfrentamento.

O caráter meandroso dessa análise nos encoraja a desvendar os mecanismos descomedidos de "desresponsabilização do Estado" (Freitas, 2007, p. 977) no preparo dos caminhos para a privatização do público; os elementos que (re)produzem a educação desqualificada e precária às conveniências do capital; os aspectos que contribuem para a retração das possibilidades de tornar o trabalho docente instrumento concreto de mediação dos interesses das classes populares; e, ainda, os fatores que minam a capacidade de inscrever os princípios constituintes dos direitos humanos no centro dos debates em relação à ética contemporânea.

Desse modo, recuperando as preleções gramscianas (Gramsci, 2010) de que o que condiz à dominação e à alienação pode também ser condizente à emancipação – basta, para isso, (res)significar caminhos, (re)descobrir atalhos e (re)encontrar fendas, porém sempre ciente de que essa tarefa é árdua, em virtude das contradições da sociedade –, pode-se afirmar que não é o caso de negar ou de prescindir do desenvolvimento tecnológico, mas é de problematizar o papel nuclear e idealizado conferido às tecnologias da informação e da comunicação de serem visivelmente transformadoras dos processos escolares na cena educacional.

Nessa perspectiva, simultaneamente ao uso da tecnologia, convém questionar que tipo de educação e de estrutura societal se quer construir, afinal o que está em pauta, entre outros aspectos, é o embate entre a proposta da educação exteriorizada sob a forma de mercadoria e sua defesa exequível como prerrogativa social e como possibilidade de ruptura, de equidade e de prática emancipatória. Nessa matriz de inteligibilidade, o dilema está posto: a tecnologia pode significar um instrumento para efetivar ou para solapar esse projeto.

Por fim, após trilhar labirintos e encruzilhadas e, ainda, recorrer às notáveis palavras de Freitas (2007, p. 1225), "sejam quais forem '*as saídas*', elas certamente não virão na direção que os setores progressistas almejam, sem luta e resistência" (grifo da autora), não é demasiado (re)afirmar que o que nos move nas atuais circunstâncias é a crença de que remar contra o neoliberalismo e o mercado flexibilizado, bem como buscar a consolidação de uma agenda política e social articulada que envolva as classes populares no debate sobre a educação e o trabalho docente no contexto das tecnologias da informação e da comunicação, pode sinalizar um futuro passível de modificação, um futuro em que a grande massa de miseráveis, tratada impiedosamente e com repugnância ao longo da História, tenha direito a uma vida digna, afinal, como disse Gramsci (1974), sua natureza é, sobretudo, humana.

Referências bibliográficas

AFONSO, A. J. Os lugares da educação. In: VON SIMSON, O.; PARK, M. B.; FERNANDES, R. S. (Orgs.) *Educação não formal*: cenários da criação. Campinas: Editora da Unicamp, 2001. p. 29-38.

ALONSO, K. M. Tecnologias da informação e comunicação e formação de professores: sobre rede e escolas. *Educação & Sociedade*, Campinas, v. 29, n. 104, p. 747-768, out. 2008.

ALTMANN, H. Influências do Banco Mundial no projeto educacional brasileiro. *Educação e Pesquisa*, São Paulo, v. 28, n. 1, p. 77-89, jan./jun. 2002.

ANTUNES, R. *Adeus ao trabalho?* Ensaio sobre as metamorfoses e a centralidade do mundo do trabalho. São Paulo: Cortez, 2008.

_____. *Os sentidos do trabalho*: ensaio sobre a afirmação e a negação do trabalho. São Paulo: Boitempo, 2002.

AUSUBEL, D. P. *Educational Psychology*: a cognitive view. Nova York: Holt, Rinehart and Winston, 1968.

BARRETO, R. G. Tecnologia e educação: trabalho e formação docente. *Educação & Sociedade*, Campinas, v. 25, n. 89, p. 1181-1201, set./dez. 2004.

_____. Tecnologias na formação de professores: o discurso do MEC. *Educação & Pesquisa*, São Paulo, v. 29, n. 2, p. 271-286, jul./dez. 2003.

_____ *Formação de professores, tecnologias e linguagens*: mapeando novos e velhos (des)encontros. São Paulo: Loyola, 2002.

_____. *Tecnologias educacionais e educação a distância*: avaliando políticas e práticas. Rio de Janeiro: Quartet, 2001.

_____. Multimídias, organização do trabalho docente e políticas de formação de professores. In: ASSOCIAÇÃO NACIONAL DE PÓS-GRADUAÇÃO E PESQUISA EM EDUCAÇÃO (ANPED), 23, 2000, Caxambu. *Anais...* Caxambu: Anped, 2000. p. 1-14.

BLIKSTEIN, P.; ZUFFO, M. K. As sereias do ensino eletrônico. In: SILVA, M. (Org.). *Educação online*. São Paulo: Loyola, 2003. p. 23-38.

BOSI, A. Educação: as pessoas e as coisas. *Comunicação & Educação*, São Paulo, v. 3, n. 7, p. 13-15, set./dez. 1996.

CHARTIER, R. *A aventura do livro*: do leitor ao navegador. São Paulo: Unesp, 1999.

_____. *A ordem dos livros*: leitores, autores e bibliotecas na Europa entre os séculos XIV e XVIII. Brasília: Editora da UnB, 1994.

CHAUÍ, M. Ideologia neoliberal e universidade. In: OLIVEIRA, F.; PAOLI, M. C. (Orgs.). *Os sentidos da democracia*: políticas do dissenso e hegemonia global. Petrópolis: Vozes; Brasília: Nedic, 1999. p. 27-51.

COLL, C. S. *Aprendizagem escolar e construção do conhecimento*. Porto Alegre: Artes Médicas, 1994.

DIAS SOBRINHO, J. *Dilemas da educação superior no mundo globalizado*: sociedade do conhecimento ou economia do conhecimento? São Paulo: Casa do Psicólogo, 2005.

DUARTE, N. *Sociedade do conhecimento ou sociedade das ilusões*. Campinas: Autores Associados, 2008.

_____. Formação do indivíduo, consciência e alienação: o ser humano na psicologia de A. N. Leontiev. *Caderno Cedes*, Campinas, v. 24, n. 62, p. 44-63, abr. 2004.

FERRETTI, C. J. Sociedade do conhecimento e educação profissional de nível técnico no Brasil. *Cadernos de Pesquisa*, São Paulo, v. 38, n. 135, p. 637-656, set./dez. 2008.

FONSECA, M. O Banco Mundial como referência para a justiça social no Terceiro Mundo: evidências do caso brasileiro. *Revista da Faculdade de Educação*, São Paulo, v. 24, n. 1, p. 37-69, jan./jun. 1998.

FREITAS, H. C. L. A (nova) política de formação de professores: a prioridade postergada. *Educação & Sociedade*, Campinas, v. 28, n. 100, Especial, p. 1203-1230, out. 2007.

_____. Certificação docente e formação do educador: regulação e desprofissionalização. *Educação & Sociedade*, Campinas, v. 24, n. 85, p. 1095-1124, dez. 2003.

FREITAS, L. C. Eliminação adiada: o ocaso das classes populares no interior da escola e a ocultação da (má) qualidade do ensino. *Educação & Sociedade*, Campinas, v. 28, n. 100, Especial, p. 965-987, out. 2007.

_____. Neotecnicismo e formação do educador. In: ALVES, N. *Formação de professores*: pensar e fazer. São Paulo: Cortez, 1992. p. 89-102.

_____. É necessário radicalizar: curvando a vara em outra direção. *Revista PUCVIVA*. São Paulo, n. 13, jul./set. 2001. Disponível em: <http://www.apropucsp.org.br/revista/r13_r03.htm>. Acesso em: 20 jan. 2011.

GRAMSCI, A. *Cadernos do cárcere*. Rio de Janeiro: Civilização Brasileira, 2010. 6 v.

_____. *La formazione dell'uomo*. Roma: Riuniti, 1974.

IANNI, O. *A era do globalismo*. Rio de Janeiro: Civilização Brasileira, 2006.

_____. *A sociedade global*. Rio de Janeiro: Civilização Brasileira, 2002.

ILLICH, I. *Deschooling society*. Harmondsworth: Penguin, 1973.
KENSKI, V. *Educação e tecnologias*: o novo ritmo da informação. Campinas: Papirus, 2007.
KRISTEVA, J. *História da linguagem*. Lisboa: Edições 70, 1988.
LEFEBVRE, H. *Lógica formal, lógica dialética*. Rio de Janeiro: Civilização Brasileira, 1979.
LEHER, R. O Bird e as reformas neoliberais na educação. *Revista PUCVIVA*, São Paulo, v. 1, n. 5, p.16-22, jun. 1999.
LÉVY, P. *Cibercultura*. São Paulo: Loyola, 1999.
_____. *O que é virtual?* São Paulo: Editora 34, 1996.
_____. *As tecnologias da inteligência*. Rio de Janeiro: Editora 34, 1993.
LUKÁCS, G. *Ontologia dell'essere sociale II*. Roma: Riuniti, 1981.
MACHADO, A. Formas expressivas da contemporaneidade. In: PEREIRA, C. A. P.; FAUSTO NETO, A. (Orgs.). *Comunicação e cultura contemporâneas*. Rio de Janeiro: Notrya, 1993. p. 198-210.
MACHADO, A. *Máquina e imaginário*: o desafio das poéticas tecnológicas. São Paulo: Edusp, 1993.
MAMEDE-NEVES, M. A. *Cabeças digitais*: o jovem no centro da dimensão oculta da Internet. Rio de Janeiro: PUC; São Paulo: Loyola, 2007.
MARTÍN-BARBERO, J. Tecnicidades, identidades, alteridades: mudanças e opacidades da comunicação no novo século. In: MORAES, D. *Sociedade midiatizada*. Rio de Janeiro: Mauad X, 2006. p. 51-79.
MARX, K. *Manuscritos econômico-filosóficos de 1844*. São Paulo: Ática, 1983.
_____. *O Capital*. Rio de Janeiro: Civilização Brasileira, 1975.
MATTELART, A. *História da sociedade da informação*. São Paulo: Loyola, 2002.
MCLUHAN, M. *Os meios de comunicação como extensões do homem*. São Paulo: Cultrix, 1969.
MORAN, J. M. *A educação que desejamos*: novos desafios e como chegar lá. Campinas: Papirus, 2007.
MOREIRA, A. F. B.; KRAMER, S. Contemporaneidade, educação e tecnologia. *Educação & Sociedade*, Campinas, v. 18, n. 100, Especial, p. 1037-1057, out. 2007.
OLIVEIRA, D. A. Trabalho docente e qualidade da educação: tradições e contradições. *Cadernos ANPAE*, Porto Alegre, v. 1, n. 4, nov. 2007. Disponível em: <http://www.anpae.org.br/congressos_antigos/simposio2007/index2.html>. Acesso em: 28 fev. 2011.
_____. A reestruturação do trabalho docente: precarização e flexibilização. *Educação & Sociedade*, Campinas, v. 25, n. 89, p. 1127-1144, set./dez. 2004.
PERRENOUD, P. *Dez novas competências para ensinar*. Porto Alegre: Artmed, 2000.
PINO, I. R. A educação básica e superior, as tecnologias de informação e comunicação e os conteúdos multimidiáticos. In: CONFERÊNCIA NACIONAL DE EDUCAÇÃO

(Conae). 2010, Brasília – DF. Disponível em: <http://www.cedes.unicamp.br/textosconae.htm>. Acesso em: 14 dez. 2010.

PRETTO, N. *Uma escola sem/com futuro*: educação e multimídia. Campinas: Papirus, 1996.

RAMAL, A. C. *Educação na cibercultura*: hipertexto, leitura, escrita e aprendizagem. Porto Alegre: Artes Médicas, 2002.

RAMONET, I. *A tirania da comunicação*. Petrópolis: Vozes, 1999.

RIVOLTELLA, P. C. *Media education, fondamenti didattici e prospettive di ricerca*. Brescia: La Scuola, 2005.

RODRIGUEZ, E. M. Los desafios docentes ante las nuevas tecnologías. In: ARRANZ, L. *El libro texto*: materiales didácticos. Madri: Universidad Complutense, 1996. p. 108-118.

SANCHO, J. M. et al. *Tecnologias para transformar a educação*. Porto Alegre: Artmed, 2006.

SAVIANI, D. *Escola e democracia*. Campinas: Autores Associados, 2008.

_____. Ética, educação e cidadania. *Revista Philos – Revista Brasileira de Filosofia no 1º grau*, Florianópolis, v. 8, n. 15, p. 19-37, jan./jun. 2001.

_____. *Pedagogia histórico-crítica*: primeiras aproximações. Campinas: Autores Associados, 1995.

SCHEIBE, L. Formação de professores: dilemas da formação inicial a distância. *Educere et Educare*, Cascavel, v. 1, p. 199-212, 2006.

TORRES, R. M. Melhorar a qualidade da educação básica? As estratégias do Banco Mundial. In: TOMMASI, L.; WARDE, M. J.; HADDAD, S. (Orgs.). *O Banco Mundial e as políticas educacionais*. São Paulo: Cortez, 2000. p. 125-193.

_____. Tendências da formação docente nos anos 90. In: II SEMINÁRIO INTERNACIONAL NOVAS POLÍTICAS EDUCACIONAIS: CRÍTICAS E PERSPECTIVA, 2, 1998, São Paulo. *Anais...* São Paulo: PUC, 1998. p. 173-192.

VIGOTSKI, L. S. Manuscrito de 1929. In: Vigotski – O manuscrito de 1929. Temas sobre a constituição cultural do homem. *Educação e Sociedade*, Cedes, Campinas, ano XXI, 2 ed. n. 71, p. 21-44, out. 2000.

_____. *Teoria e método em psicologia*. São Paulo: Martins Fontes, 1996.

_____. *Pensamento e linguagem*. São Paulo: Martins Fontes, 1995.

_____. *A formação social da mente*. São Paulo: Martins Fontes, 1994.

ZUIN, A. A. S. O plano nacional de educação e as tecnologias da informação e comunicação. *Educação & Sociedade*. Campinas, v. 13, n. 112, p. 961-980, jul./set. 2010.

_____. Educação a distância ou educação distante? O Programa Universidade Aberta do Brasil, o tutor e o professor virtual. *Educação & Sociedade*, Campinas, v. 27, n. 96, p. 935--954, out. 2006.

2

Educação inclusiva: implicações para a educação contemporânea

Marian Ávila de Lima e Dias

Um pouco de história...

Embora a questão da educação de pessoas significativamente diferentes[1] no Brasil remonte ao fim do século XIX em uma longa e lenta conquista desse direito, é recente a ideia de alunos problemáticos ou desviantes partilharem o mesmo espaço escolar que os demais (Jannuzzi, 2004; Mendes, 2006). No fim do século XVIII, a partir do fortalecimento dos saberes científicos como forma de poder legitimado na emergente sociedade ilustrada, a questão das deficiências e das demais formas de desvio humano passa a pertencer à ciência, mais exatamente à medicina. Com a mudança da visão sobre o desvio – não mais relacionado à esfera do mistério de forças superiores ao homem, mas associado ao (mal) funcionamento dos órgãos –, surgem também as questões relacionadas à "educabilidade". Com relação às deficiências, este momento histórico inaugura a possibilidade de buscar transformações nas condições apresentadas pelos desviantes; a aprendizagem e a adaptação dessas pessoas àquela sociedade passam a ser almejadas por meio de treinos comportamentais, terapias de "reabilitação" entre outros recursos: está nascendo a educação especial. Já com relação a outros desvios relativos a valores morais e religiosos, a intolerância permanece e propostas de ações como a esterilização revelam que o desejo de eliminação desses grupos ainda é legitimado socialmente (Pessotti, 1984; Gould, 1999).

A função da escolarização das pessoas significativamente diferentes vai se modificando mais expressivamente no fim do século XX. Além da questão da apren-

---

[1] A expressão "significativamente diferente" foi cunhada por Lígia Assumpção Amaral (1995) para enfatizar a distância entre as diferenças socialmente aceitas – pessoas altas, baixas, míopes etc. – daquelas marcas cujo estigma produz estranhamento e, consequentemente, desvalorização.

dizagem como adaptação e realização de atividades da vida diária com algum grau de autonomia, começa a surgir também a questão da efetiva participação dessas pessoas na vida em sociedade. Porém é importante retraçar brevemente esse percurso para apontar como ele ainda é recente em nossa História. Dessa forma, por mais que hoje esteja claro o quanto a escola ainda está distante de uma plena inclusão dos alunos significativamente diferentes, até pouco tempo atrás alguns destes – os com deficiência – nem sequer poderiam almejar a conclusão do ensino fundamental, pois eram retidos em oficinas, abrigos e outras formas mascaradas de segregação, enquanto outros – crianças ciganas, indígenas, em conflito com a lei, por exemplo – nem imaginavam ser a escola um local em que poderiam vir a frequentar. Essa mudança aponta para aquilo que a partir da educação inclusiva abre a possibilidade para que a sociedade como um todo avance.

Os avanços em uma sociedade que não tem sido capaz de se repensar de forma radical, buscando apenas aperfeiçoamentos nas relações que institui, levam inevitavelmente a pensar também nas repetições regressivas que essa mesma sociedade opera. Em uma sociedade orientada para o consumo, a produção de excluídos em algum nível é inevitável. Consequentemente, as ações que visam combater essa triste realidade entram em uma cadeia de produção inócua, como num barco furado em que apenas se retira a água acumulada sem tampar o furo. No caso da educação, crianças fora da escola passam a ser números que devem baixar, mas a cada ano, junto com a boa notícia de que esses indicadores baixaram, muitas crianças permanecem sem acesso à educação escolar. Nessa organização, a riqueza de alguns grupos e países, assim como os avanços tecnológicos em prol do prolongamento da vida dos indivíduos, expõe a irracionalidade da manutenção da miséria e da violência sobre os homens. A organização econômica e política estabelecida no século XX, as sequelas das duas grandes guerras e a proposta de eugenia do nazismo através do extermínio contribuíram para que a recusa a qualquer forma de segregação se tornasse a partir da década de 1950 um imperativo moral. A desigualdade se torna, então, tema de discussão em diferentes áreas do conhecimento.

O trabalho no século XX também sofreu alterações em sua natureza. Se, por um lado, a incorporação dos trabalhadores ao capital revela a ideologia da integração de todos a esta sociedade de massas; por outro, a integração que iguala os homens com relação a seus aspectos sociopsicológicos – passamos a nos organizar e almejar praticamente os mesmos bens de consumo – mantém intactas as diferenças nas condições objetivas para a realização desses desejos nas diferentes classes sociais (Crochík et al., 2009). Além disso, a relação entre a qualificação do futuro trabalhador e a educação expõe novas contradições, explicitando a crise pela qual passa a escola em decorrência da histórica redução de sua função como mera qualificadora para o trabalho. Cada vez mais, os saberes requeridos no trabalho passam a ter pouca ou nenhuma relação com a educação formal: assistimos ao surgimento de "trabalhos sem ocupação" (Marcuse, 1973) em que praticamente inexiste a relação da formação do indivíduo com a atividade ali desenvolvida; além disso, temos também o fato de que o trabalhador tem cada vez menos poder de decisão sobre o seu fazer, sendo sua formação escolar pouco requisitada nas pequenas decisões que lhe restaram, como ressalta o trecho a seguir:

> [...] o que era exigido para o desempenho no trabalho hoje não seria mais necessário; [...] sua importância para a reprodução da criação de bens necessários à sobrevivência diminui. A educação voltada para o trabalho, que justificaria o desenvolvimento de competências dos alunos, torna-se anacrônica. (Crochík e Crochík, 2005, p. 315)

É neste cenário que a inclusão das minorias passa a ser objeto de reivindicação no horizonte mais amplo dos movimentos sociais e, de modo mais específico, no campo da educação. Dessa forma, é importante frisar que o avanço da legitimação social quanto à igualdade de todos coincide na área da educação com uma sistemática desvalorização da escola, suas práticas e saberes. Apenas a partir da segunda metade do século XX, com o aprofundamento da crise da escola, é que se consolidam as políticas de abertura dessa instituição para todos, o que resulta tanto na massificação de seu ensino como na proposta de educação inclusiva. No que diz respeito à ampliação do ensino às camadas mais pobres da população, ela só se consolida quando também já está consolidado o declínio generalizado da transmissão da cultura pela escola – um dos objetivos da educação – em troca da produção de cidadãos instrumentalizados com um mínimo de ferramentas tecnológicas comuns a todos, valorizando a competência e o desempenho, atividades distantes de formação do indivíduo. Já com relação à implementação da educação inclusiva, é necessário questionar quanto ela passa a ser adotada não apenas por responder aos anseios de uma sociedade menos discriminatória, mas também pelo fato de a escola não representar mais tão diretamente a garantia de sucesso e ascensão social, podendo ser, portanto, também frequentada por pessoas significativamente desviantes, argumento que também pode ser aplicado à massificação da educação.

Quanto à conceituação, a história recente da educação inclusiva em nosso país já registra algumas alterações, uma vez que se seu início é marcado pela herança da educação especial, ela se distancia desta com o passar dos anos. Inicialmente, na década de 1970, com o gradual abandono do modelo tradicional de segregação proposto na educação especial, surge proposta do *mainstreaming*, uma posição baseada no conceito de integração em que graus crescentes de inserção do indivíduo significativamente diferente eram propostos com a finalidade de ele se normalizar ao máximo, aproximando-se daquilo que era o esperado. Embora Mendes (2006) afirme que o princípio da normalização sofra críticas por não ter sido corretamente compreendido e que seria errônea a interpretação dessa proposta como "algo para ser feito para uma pessoa", a ênfase nesse princípio é o estabelecimento de critérios para o planejamento de "serviços" para a pessoa com "necessidades especiais" (Mendes, 2006, p. 390) e que, na escola, se traduz na compreensão de que "o problema estava centrado nas crianças" (Mendes, 2006, p. 395). Ora, se esta é a base na proposta da integração, de fato tem-se uma relação em que de partida já se estabelece o limite das ações, e esse limite não é dado pela pessoa em questão, mas sim pelos técnicos desses serviços. A ideia de que seria necessária uma preparação dessa pessoa por profissionais especialistas reforça, de um lado, a incapacidade da pessoa e, de outro, o poder do especialista. Outra questão refere-se à ideia de que a vida normal deve ser buscada. Partindo-se dessa premissa, a norma está posta e cabe à pessoa "portadora de necessidades especiais"[2] adaptar-se – com restrições – a ela. Portanto, são válidas as críticas ao princípio da normalização que apontam a questão da manutenção de uma visão hierárquica e despotencializadora sobre a pessoa que viesse a apresentar quaisquer das necessidades consideradas especiais.

A transposição do princípio de integração à realidade escolar manteve a ênfase no indivíduo e em suas habilidades, com a expectativa de que em alguns momentos ele pudesse integrar-se à escola já existente. Entre outros fatores, a constatação de que muitos dos alunos mantiveram-se no mesmo patamar de inserção anos a fio com o constante amparo dos serviços especializados, sem a almejada integração, bem como o reconhecimento de que "a escola estava provocando ou acentuando desigualdades" (Mendes, 2006, p. 395), contribuíram para que ganhasse força do ponto de vista pedagógico, ao longo da década de 1990, a busca por novos modelos de educação.

O Brasil, ao assinar as Declarações de Jomtien em 1990 e de Salamanca em 1994, reconhece no campo da educação o direito de todos participarem do ensino

---

[2] Nesta breve retomada histórica, optou-se por manter a denominação utilizada naquela época em consonância com a proposta da integração.

de forma regular. Ali se reforçam tanto as concepções de que o espaço escolar é um benefício que deve servir a todas as crianças indistintamente como também a concepção de que os alunos teriam diferentes necessidades, entrando em cena a proposta da educação inclusiva. Essa proposta também amplia as diversidades a serem abarcadas nos mais diferentes âmbitos, não se restringindo apenas à questão da deficiência como era mais frequente na educação especial ou na proposta da integração. Destaca-se ainda que com a proposição da educação inclusiva passa a ser possível realizar uma inversão na via pela qual a questão era até então observada, retirando a ênfase no indivíduo e colocando a questão dos obstáculos a serem superados pela escola. Dessa forma, a instituição escolar como um todo passa a buscar mudanças para que todos os alunos sejam incluídos naquele espaço (Booth e Ainscow, 2002; Mittler, 2003).

A educação inclusiva tem encontrado, em nosso país, diferentes delineamentos. Diversos grupos de educadores e pais ligados às universidades, ao Ministério da Educação e a instituições filantrópicas defendem a implementação de modelos muito diferentes entre si. Há desde o modelo de educação especial itinerante, oferecendo atendimentos individualizados fora do período de aula e apoio em sala de aula regular – prática adotada em alguns municípios do Estado de São Paulo –, até escolas trabalhando com equipes de cinco alunos em torno de um projeto centralizado na figura do professor tutor e sem a divisão tradicional das disciplinas. Em algumas escolas, há propostas de educação inclusiva com professor de apoio específico ao aluno em situação de inclusão durante as aulas, enquanto em outras escolas a participação desse tipo de aluno ocorre sem professor de apoio, e, por vezes, em um período menor durante as aulas (Prieto et al., 2006; Pacheco, Eggertsdóttir e Marinósson, 2007; Mendes, 2006; Mantoan, 2008). Consequentemente, essas diferentes propostas desembocam em modos muito distintos de conceber os currículos, as avaliações, o papel dos professores e dos especialistas.

A pluralidade de modelos propostos é acompanhada, no Brasil, de algumas políticas públicas voltadas ao tema que também refletem diferentes caminhos. Assim, ainda encontramos escolas ou classes especiais como parte da estrutura municipal ou estadual da educação, ao mesmo tempo que encontramos escolas aceitando as matrículas de todos os alunos indistintamente. Existem também secretarias e demais órgãos oficiais voltados à defesa do interesse das pessoas com deficiências nos diferentes níveis. Mas, quanto a estas instâncias, é constante sua a extinção e a criação de novos órgãos, o que constitui um dos fatores a dificultar o fortalecimento da implementação de políticas públicas na área com o consequente acúmulo de portarias, normas e leis muitas vezes contraditórias entre si (Jannuzzi, 2004). A mera transposição das propostas desse paradigma em política pública em nosso país tem tido como consequência a adoção de uma lógica administrativa instrumental que, em vez de singularizar os processos escolares e seus alunos, tem transformado a educação inclusiva em um discurso padronizado, que nada mais é que a manutenção do modelo tradicional de educação. Dessa forma, em vez da ruptura, as políticas públicas voltadas à educação inclusiva – do modo como têm sido implantadas – contribuem para a continuidade desse modelo (Viégas e Angelucci, 2006). Tal crítica, por sua vez, não deve servir como argumento contrário à educação inclusiva, pois é necessária a explicitação das contradições desse processo para consolidar suas conquistas, bem como corrigir aquilo que impede uma ruptura de fato com a educação baseada em hierarquias e classificações de desempenho.

Outra crítica, a de que a adesão oficial do país à educação inclusiva é modismo revestido de certo romantismo, escamoteando uma imposição movida por interesses econômicos (Mendes, 2006), deve ser rebatida em, ao menos, dois níveis. Em primeiro lugar, a consolidação da democracia em nosso país com a promulgação da Constituição de 1988 aponta para um imperativo político da adoção de um novo posicionamento em relação às desigualdades. Na Constituição, por exemplo, é reconhecida a dívida para com as populações indígena e negra e seu direito à posse de terras, bem como é assegurado o direito à educação de todas as crianças, o que revela a tomada de consciência de que esses direitos não estavam sendo exercidos. Não se trata de ingenuamente acreditar que as desigualdades se desfazem por decreto; porém é fato que as conquistas ali impressas resultaram também da mobilização da sociedade nessa direção. Em segundo lugar, os interesses econômicos em uma sociedade sobredeterminada pelo capital estão sempre presentes, o que significa que os modelos educacionais propostos anteriormente tanto pela educação especial como pelo modelo da integração também se beneficiaram da busca por vantagens econômicas para poucos e, em alguns casos, utilizando-se dos seus educandos de forma perversa (Jannuzzi, 1992; D'Antino, 1998). Examinando mais detidamente, a questão que se impõe no mundo contemporâneo não é a econômica, uma vez que a produção de bens materiais necessários à sobrevivência de todos já ocorre. Desse modo, se o que impede o acesso aos bens é sua distribuição, o problema é muito mais da esfera política que da econômica, o que desfaz o questionamento proposto por Mendes.

Entre as diversas concepções de educação inclusiva apresentadas, vale destacar a de Booth e Ainscow (2002), que dá ênfase às transformações necessárias à escola para que todos possam aprender coletivamente:

> Desenvolver a inclusão envolve reduzir as pressões excludentes. "Exclusão disciplinar" é a remoção temporária ou permanente de um estudante da escola por quebrar as regras da mesma. É o resultado de um conjunto de pressões excludentes. Tal como a inclusão, a exclusão é pensada de modo amplo. Refere-se a todas aquelas pressões excludentes, temporárias ou prolongadas, que atrapalham a participação total. Elas podem se resultantes de dificuldades ligadas a relacionamentos ou ao conteúdo ensinado, bem como de sentimentos de desvalorização. Inclusão refere-se à minimização de *todas* as barreiras em educação, para *todos* os estudantes. (Booth e Ainscow, 2002, p. 8, grifo dos autores)

Mais do que apenas a entrada no ambiente escolar das minorias antes segregadas da escola regular, a educação inclusiva aqui apresentada também se volta para a qualidade da educação ofertada a todos e sua contribuição para a formação dos indivíduos. Dessa perspectiva, incluir significa levar em conta todos aqueles que participam do processo educacional, sem valorizar apenas as dificuldades daqueles considerados com "necessidades educacionais especiais" nem menosprezar as dificuldades de todos (Crochík et al., 2011).

Em busca de uma denominação

Nesse caminho de transformação da educação especial rumo à educação inclusiva passando pela proposta de integração, as diferenças (socioculturais, econômicas, anatômicas, funcionais etc.) inicialmente foram percebidas como relativas ao indivíduo, o que levou à designação desses alunos como "portadores de necessidades educacionais especiais". Essa mesma forma de se referir aos alunos ainda pode ser observada, por exemplo, na Inglaterra, nos Estados Unidos e na Espanha.[3] Se, de um lado, o termo tentou especificar mais o tipo de dificuldade desse aluno perante a demanda escolar, essa denominação enfoca aquilo que o aluno "porta" e, portanto, suas incapacidades em comparação aos demais. Esse tipo de designação revela que o saber médico psicologizante manteve sua força no espaço escolar, uma vez que diante de tal categorização se torna inevitável a pergunta: mas o que ele tem? Qual é o nome da sua doença? Essa forma de nomear o aluno demonstra que

---

[3] *Pupils with special educational needs* e *Alumnado con necesidades educativas especiales* são termos frequentemente utilizados em documentos e congressos desses países.

o olhar ainda recai sobre a vítima de um processo escolar subordinado a especialistas externos à escola e à área da educação, com o tratamento/reabilitação permeando o processo educacional, focalizando a questão da inclusão escolar nos obstáculos do aluno à aprendizagem. Em outras palavras: ainda é pequena a distância entre a educação especial e a integrada na forma de como encaram a relação desse tipo de aluno com a educação. Ambas as propostas – educação especial e integração – denotam um esforço em direção à vida compartilhada entre os alunos, porém ainda distantes do que seria de fato uma educação inclusiva.

Como consequência, nos corredores das escolas, mesmo com a adesão – ao menos no discurso – à proposta da educação inclusiva, ainda se escuta o termo "especial" ou "NEE" para se referir a esse tipo de aluno. Essa confusão entre a suposta adoção de uma proposta educacional e o uso de termos referentes a outro modelo apenas demonstra a fragilidade da implementação de uma cultura inclusiva nas escolas, o que demandaria uma transformação mais profunda na forma como esta concebe seus alunos.

É fato que também mais recentemente os professores e gestores têm utilizado o termo "aluno de inclusão", muitas vezes abreviando para apenas "de inclusão". Mas o que significa nomear uma criança dessa maneira? A diferença na forma como denominamos o aluno também é mencionada na proposta de Booth e Ainscow:

> [...] "barreiras à aprendizagem e à participação" proporcionam uma alternativa ao conceito de "necessidades educacionais especiais". A ideia de que as dificuldades educacionais podem ser resolvidas pela identificação de algumas crianças como tendo "necessidades educacionais especiais" tem limitações consideráveis. Ela atribui um rótulo que pode levar a expectativas mais baixas. Ela desvia a atenção das dificuldades experimentadas por outros estudantes que não tenham rótulo, e das fontes de dificuldades nas relações, culturas, currículos, abordagens de ensino e aprendizagem, organização escolar e política. (Booth e Ainscow, 2002, p. 8)

Assim, propomos neste capítulo utilizar o termo *alunos considerados em situação de inclusão* para encarar a desigualdade entre as pessoas como situacional e, portanto, passível de alteração. Do mesmo modo que as políticas de ações afirmativas se pautam pela busca da eliminação da desigualdade entre negros e brancos, encarando tal estado como transitório, a mesma situação entre os alunos pode ser apontada. As desigualdades historicamente acumuladas podem vir a se desfazer em um e outro caso, dependendo das escolhas políticas dessa sociedade. Se e quando de fato o aluno estiver incluído no cotidiano escolar (tanto em termos de socialização como em termos de aprendizagem, uma vez que tais aspectos são indissociáveis), será irrelevante nomeá-lo de forma diferente dos demais. A "situação" de inclusão evoca o aspecto temporal de que as mudanças nos objetivos da educação devem ocorrer para que tal estado de desigualdade entre os alunos venha a desaparecer. Porém não se trata de mera vontade da escola; para que isso aconteça, as relações de dominação entre os homens na sociedade também devem ter dado lugar a outras conformações grupais.

Também não se trata, obviamente, de deixar de nomear as diferenças significativas (Amaral, 1995) quando da sua presença. Por exemplo, um aluno com alguma deficiência terá como uma de suas marcas identitárias essa condição e as limitações que ela traz em algumas ocasiões. Ao apresentar a questão do desvio, essa autora aponta a diversidade da condição humana para além do afastamento estatístico, anatômico e/ou funcional. Quando há um distanciamento do tipo ideal socialmente aceito, teríamos um conjunto de condições capazes de produzir diferenças significativas. Trata-se de trabalhar para que a diferença significativa do aluno seja mais um elemento da prática escolar entre tantos outros capaz de atuar para a educação de todos. Desse modo, a educação inclusiva se volta para a qualidade da educação para todos e sua contribuição na formação de todos os indivíduos. Nessa proposta, a culpabilização do aluno, forma recorrente de abordagem das diferenças na escola, é substituída pela responsabilidade da escola em construir coletivamente caminhos de enfrentamento aos obstáculos à aprendizagem (Booth e Ainscow, 2002).

Educação especial	Integração	Educação inclusiva
Aluno com NEEs.	Aluno com NEEs.	Aluno considerado em situação de inclusão.
Foco no aluno e em suas dificuldades/impedimentos.	Foco no aluno e em suas dificuldades/impedimentos.	Foco na escola e nos obstáculos que ela ainda possui para poder ensinar a todos.

Novas questões?

A educação inclusiva aqui defendida parte do princípio de que todas as escolas que afirmam trabalhar nesta perspectiva estão de algum modo caminhando em direção a esta modalidade de educação, mas que sua plena existência é utópica, uma vez que, enquanto a educação inclusiva for uma "modalidade" entre as possíveis, a plena inclusão de todos na escola não ocorre; se e quando ela ocorrer, esta não será mais uma educação inclusiva, mas, simplesmente, a educação.

Se as escolas caminham em direção a esta meta, é possível observar quais aspectos têm sido privilegiados nessas diferentes experiências. Booth e Ainscow

(2002) apresentam um *Index para a inclusão*. Trata-se de um instrumento oferecido às escolas para que estas possam realizar um mapeamento acerca das barreiras ao aprendizado e ao convívio entre os alunos, permitindo assim que sejam planejadas formas de suplantá-los. É proposto como um recurso para que as escolas caminhem de forma autônoma em direção a um desenvolvimento cada vez mais inclusivo. O *Index* é dividido em três dimensões: culturas, políticas e práticas inclusivas. A cultura inclusiva é tida pelos autores como a base sobre a qual as políticas e as práticas podem vir a se efetivar, mas, por se tratar de dimensões distintas, é possível que uma escola ao fazer uso desse instrumento reconheça ter tido mais avanços em uma dimensão do que em outra.

É interessante a proposição dos autores quanto à centralidade da cultura para a construção da educação inclusiva. Esta modalidade de educação, ao valorizar a diversidade de alunos em uma mesma sala de aula, torna possível a crítica ao ideal de padronização cultural, uma vez que a diferença passa a poder ser pensada não mais como falha diante do modelo-padrão, mas como parte dos objetivos da educação, permitindo aos sujeitos serem capazes de enunciar sua singularidade. Crochík (2007) articula a questão da cultura e da padronização em um ensaio sobre a normalização e a diferenciação do indivíduo com deficiência intelectual. Se a normalização remete à busca por padronização dos indivíduos através da incorporação de modelos, sem alguma normalização não é possível pensar e expressar a própria singularidade. E, se a escola é um dos locais sociais de incorporação dessas normas, ela também deve ser local privilegiado de comunicação das diferenças individuais. Porém, em uma educação pautada pela adaptação, padronização e consequente homogeneização de seus alunos em que a normalização passa a ser o objetivo final e não um meio para a singularização, perde-se a chance de diferenciação e, portanto, de plena constituição dos indivíduos.

Não se trata de abstrair a diferença entre os homens dada pela natureza, mas que estas são significadas socialmente, e que, independentemente da deficiência, todos devem incorporar a cultura para poder melhor expressar essa diferença como universal, expressando também a diversidade humana, que é essência da humanidade (Crochík, 2007).

A incorporação da cultura em uma perspectiva inclusiva permite o acesso aos valores culturais comuns a todos – algo valioso aos alunos que tradicionalmente estariam segregados em escolas e classes especiais ou mesmo fora da escola – ao mesmo tempo que oferece formas de expressão da diversidade de modos de existência para além das marcas da deficiência, ou de outras formas estigmatizadas socialmente.

Assim, na proposta contida no *Index*, caminhar em direção a uma educação inclusiva pensando nas dimensões culturais, políticas e da prática pedagógica significa pensar e planejar ações na escola envolvendo desde aspectos arquitetônicos – há esforços para diminuir as barreiras ou os obstáculos na circulação de todos? – até aspectos disciplinares – existem estratégias para que nenhum aluno seja expulso da escola? – passando também pelas questões envolvendo a própria inclusão dos professores e da comunidade escolar nas decisões a serem tomadas.

Velhas questões: currículo, avaliação, relação professor-aluno e relação entre alunos

Se a partir da proposta de Booth e Ainscow (2002) as escolas que estão adotando a proposta da educação inclusiva podem ser pensadas em termos de níveis em direção à educação inclusiva de fato, é possível investigá-las dessa perspectiva e, assim, verificar quais das três dimensões propostas no *Index* estão mais ou menos contempladas em seus projetos. O currículo escolar, as formas de avaliação, a relação do professor com a classe e a sua importância na formação de grupos e no desempenho dos alunos, a relação entre socialização e aprendizagem são alguns dos temas tradicionais sobre os quais as escolas se detêm independentemente de sua proposta pedagógica contemplar ou não a educação inclusiva. Porém sua decisão em trabalhar na perspectiva inclusiva traz novos elementos para essas velhas questões.

Quanto ao currículo: qual é a melhor forma de operacionalizar sua consecução para que todos os alunos tenham acesso a seus conteúdos sem descuidar das dificuldades ou mesmo impossibilidades que eventualmente algum aluno venha a apresentar? Um currículo adaptado a cada aluno considerado em situação de inclusão significa que de partida a escola já estabeleceu limites – geralmente inferiores – àquilo que o aluno vai ter de conteúdo em comparação aos demais colegas, estabelecendo um currículo à parte do restante da sala de aula. Já um currículo flexibilizado pode, em nossa opinião, beneficiar a todos os alunos na medida em que busca cumprir com os conteúdos programados para aquela disciplina de forma mais flexível, respeitando o ritmo de cada aluno sem retirar dele o direito de ter acesso ao conteúdo inicialmente proposto.

Currículo adaptado	Currículo flexibilizado
– Limites dos conteúdos a serem ministrados estabelecidos previamente à experiência em sala de aula apenas a alguns alunos.	– Modificações no conteúdo durante processos partilháveis com todos os alunos.
– Expectativa destes alunos abaixo do restante da sala.	– Tentativa de garantir que todo o conteúdo seja acessível a todos os alunos.

A avaliação, quando está diretamente relacionada ao desempenho demonstrado através de notas de forma classificatória, dificulta o trabalho em grupo quando na presença de alunos considerados em situação de inclusão, pois há o temor de que seu desempenho vá prejudicar as notas daquele grupo; essa forma também estabelece uma hierarquia na classe entre os considerados bons e maus alunos em razão desse índice de avaliação; além disso, esse tipo de avaliação reitera ideais tecnicistas e instrumentais de categorização sistemática calcados no desempenho individual socialmente valorizados pela ideologia da racionalidade tecnológica (Marcuse, 1973). Assim, quando da adoção de uma perspectiva de educação inclusiva, quais formas de avaliação grupais podem vir a ser desenvolvidas? Que ações no cotidiano escolar devem ser alteradas para que as atividades ali desenvolvidas não sejam mais compreendidas em termos de notas, de aprovação e de desempenho individual? Se considerarmos a sala de aula como um grupo, não seria possível passarmos a pensar a avaliação como a possibilidade de verificar se há condições daquele grupo de alunos como um todo ser aprovado ao final do ano? Também não haveria possibilidade de construir ao longo do ano avaliações individuais que levassem em conta quanto o aluno se desenvolveu em comparação a ele mesmo? Enfim, a presença de alunos considerados em situação de inclusão na sala de aula não poderia contribuir para que o já tão controverso tema da avaliação fosse de fato radicalmente repensado?[4]

Avaliação	Avaliação na educação inclusiva
– Classificatória do desempenho, ajudando a identificar "bons" e "maus" alunos.	– Processo do aluno e suas transformações em direção àquilo proposto para todos da classe.
– Tecnicista, buscando certificar a capacidade de memorização e repetição do aluno.	– Coletiva, visando avaliar quanto o grupo como um todo se apropria daquilo que foi proposto.
– Visa a aprovação ao fim do ano.	– Avaliar a capacidade de o grupo compartilhar o conhecimento.

A relação entre o professor e a classe e a socialização entre pares, como já ressaltam algumas investigações (por exemplo, Batista e Enumo, 2004; Casco, 2007; Vieira e Denari, 2007), é determinante na atribuição de papéis e na formação de

---

[4] O tema da avaliação é desenvolvido com mais profundidade no artigo "Educação inclusiva, avaliação educacional e preconceito: contribuições da teoria crítica da sociedade" (Casco e Dias, 2011).

grupos entre colegas, além de refletir também nos critérios de avaliação deste para com seus alunos. Quanto mais inclusiva uma escola, mais são favoráveis as relações entre seus alunos, e a forma como o professor atua com todos os alunos ajuda sobremaneira na determinação dessas relações (Booth e Ainscow, 2002). Não se tratam apenas de aspectos didáticos ou metodológicos relativos ao domínio da transmissão de conhecimentos, por mais que estes também tenham importância, mas da forma como o professor se relaciona com o saber:

> A forma de transmissão aqui entendida não se refere somente a técnicas, por mais que estas sejam imprescindíveis, mas ao engajamento do professor, à sua cumplicidade com o aprendizado do aluno, isto é, refere-se a princípios políticos e éticos. (Crochík et al., 2009, p. 45)

	Relação professor-conhecimento	Relação professor-aluno em situação de inclusão	Relação aluno-aluno
Educação em geral	– Conhecimento instrumentalizado. – Visão tecnicista.	– Expectativas menores em comparação aos demais alunos. – Relação à parte do restante da classe.	– Hierarquizada. – Superioridade de uns sobre outros.
Educação inclusiva	– Comprometimento ético e político envolvido no conhecimento.	– Relação coletiva com a classe e com todos os alunos levando em conta as singularidades.	– Cooperação. – Diferenças como parte do cotidiano escolar.

A pesquisa

Todas as "velhas questões" pertencentes ao universo escolar se relacionam diretamente à concepção de educação inclusiva adotada e às formas de conceber a relação entre si desses elementos. Desde 2008, o Laboratório de Estudos sobre o Preconceito (LaEP) do Instituto de Psicologia da Universidade de São Paulo, sob a coordenação do professor José Leon Crochík, vem realizando uma pesquisa que tem, entre outros, também o objetivo de verificar como está se dando de fato a entrada e a permanência do aluno em situação de inclusão, tomando por base as propostas do *Index* de Booth e Ainscow (2002) e as três dimensões ali contempladas. Neste capítulo, propomos a apresentação de alguns dos dados coletados nessa pesquisa e algumas de suas análises para ilustrar como, diante da proposta da educação inclusiva, os objetivos da educação são abalados, principalmente se estes estão prioritariamente alinhados com uma educação tecnicista e competitiva.

Para fins de investigação, dividimos a escola em três âmbitos: os dirigentes escolares e suas ações políticas e pedagógicas em torno do tema; os professores e auxiliares, suas práticas e convicções a respeito da educação inclusiva e as classes de alunos e o processo de formação de grupos a partir da presença de colegas considerados em situação de inclusão. A divisão da escola nesses três âmbitos para fins de pesquisa resultou na utilização de três diferentes instrumentos de investigação desenvolvidos pela equipe: pedimos o preenchimento de um formulário e de um questionário caracterizando a escola quanto à cultura, políticas e práticas voltadas à inclusão para os dirigentes escolares; realizamos entrevistas com roteiros nos professores e auxiliares, bem como observações em sala de aula e no período do intervalo; e, com os alunos, além das observações, aplicamos um sociograma na sala de aula e compilamos seus boletins escolares ao final do ano letivo. Foram coletados dados em seis escolas públicas e privadas da cidade de São Paulo. Em todas elas as investigações se detiveram nas turmas de 4ª série/5º ano e pedimos às escolas envolvidas que nos indicassem quem elas consideravam serem os alunos em situação de inclusão daquelas salas.

Para discutirmos a questão dos objetivos da educação quando da adoção de uma proposta inclusiva, tomaremos as observações em sala de aula e no recreio, entrevistas com diretores e professores e aplicação de sociograma apenas de duas escolas com dois e três alunos considerados em situação de inclusão respectivamente. Em uma das escolas temos Raquel e Wilson e, na outra, Lucas, Carlos e Ivan.[5] Raquel e Wilson estão juntos na mesma classe da escola privada pela primeira vez. Nos anos anteriores, o grupo era formado tendo apenas Wilson como aluno em situação de inclusão. Raquel já estudava na escola, porém em outro período. De acordo com a coordenação da escola, Wilson é considerado um aluno em situação de inclusão "em plena avaliação diagnóstica pela psicóloga". Seus problemas são descritos como de ordem comportamental, física e intelectual, e Raquel é considerada uma aluna em situação de inclusão pela escola por ter o diagnóstico de hidrocefalia.

Lucas, aluno da outra escola investigada, também está pela primeira vez frequentando esse grupo, pois foi reprovado no ano anterior. Ele é cego de um dos olhos e é considerado em situação de inclusão por ter "síndrome de Golden" de acordo informações obtidas com a coordenação da escola. Carlos, seu colega de sala, é considerado pela escola em situação de inclusão por ter síndrome de Down. Está

---

[5] Os nomes dos alunos foram alterados.

frequentando essa escola pelo primeiro ano. Ivan também foi reprovado no ano anterior e está na escola há pelo menos três anos. Ele nos foi apresentado pela escola ora como autista, ora como portador de "síndrome de Moebius".

Embora as questões político-pedagógicas sejam fundamentais na implementação da educação inclusiva e, portanto, os dirigentes constituam-se em agentes centrais nesse processo, consideramos que as atitudes dos professores adiante da educação inclusiva são capazes de refletir esses aspectos, refletindo, portanto, os objetivos da escola que são, como regra, alinhados com a reprodução em massa de um raciocínio meramente técnico. Dessa forma, os trechos do cotidiano escolar apresentados a seguir são considerados expressão de todas essas dimensões.

Em uma das escolas, observou-se que Wilson e Raquel ocupam as carteiras mais próximas à mesa da professora, ficando de costas para o restante da sala. Além da professora de sala, uma professora de apoio acompanha as atividades desses dois alunos considerados em situação de inclusão. Em situação de prova, Raquel e Wilson são retirados da sala de aula, realizando suas avaliações em outro local com a presença da professora de apoio. Nas aulas regulares com o professor de sala, a professora de apoio conversa principalmente com Raquel em tom de voz muito baixo para não atrapalhar a professora e o restante da sala. Ela dá instruções para as atividades de Raquel, pedindo que ela também responda em voz baixa. Embora seja a mesma disciplina lecionada para a classe, os conteúdos são diferentes do ofertado aos demais alunos. Wilson, por sua vez, recusa-se a seguir as instruções da professora de apoio, buscando estabelecer contato com a professora de sala. Nas aulas específicas (artes e música) não há professor de apoio. Em uma das observações da aula de artes, vimos um colega perguntar a Raquel se ela ficaria sem fazer nada a aula toda, e ela respondeu que estava esperando as instruções da professora. Já em uma das aulas de música observadas, Wilson ficou à parte, sentado, mexendo em suas moedas. Tanto Wilson como Raquel não foram chamados a cantar – atividade que os demais estavam realizando.

Raquel e Wilson frequentam todas as aulas durante todo o período, porém são retirados de sala pela professora de apoio para trabalhos específicos e mesmo para consultas e atendimentos externos com profissionais da saúde. O critério para essa retirada de sala não ficou claro nas entrevistas e observações, uma vez que se, de um lado, a coordenação afirma que a função da professora de apoio é auxiliar qualquer aluno que esteja enfrentando dificuldades de aprendizagem, o que foi observado e relatado pela professora de apoio em sua entrevista é que apenas Raquel e Wilson eram atendidos dentro e fora da sala de aula e que a retirada deles da classe se dava em virtude do conteúdo que estava sendo apresentado ser considerado, pela professora de sala e pela professora de apoio, difícil para eles acompanharem. Observamos que, por vezes, apenas um dos dois era retirado da sala de aula enquanto o outro permanecia na atividade regular do grupo.

Essas situações revelam como a inclusão escolar está também diretamente ligada a decisões pedagógicas sobre currículo e avaliação e como tais decisões interferem diretamente na percepção que os alunos têm de si mesmos e do colega. Tanto Wilson e Raquel como o colega que a interpela na aula de música perguntando se ela vai ficar sem atividade têm pleno conhecimento de que seu currículo e sua avaliação diferem da dos demais e que essa diferença está relacionada a atributos negativos. Em nossas observações, temos percebido que a chamada adaptação curricular, quando realizada de modo a construir um currículo à parte para o aluno em situação de inclusão, ajuda a segregar esses alunos, uma vez que todos ali envolvidos percebem nessa atitude uma mensagem de que alguns deles podem menos e, portanto, valem menos que os demais.

A presença da professora de apoio como alguém com a função específica de dar suporte pedagógico apenas àqueles em situação de inclusão também deve ser questionada. A recusa de Wilson em ser atendido por ela, buscando relacionar-se com a professora que é a titular da sala, é, em nossa compreensão, uma tentativa de ele ser incluído de fato no processo de aprendizagem da classe como um todo. A disposição espacial das carteiras de Wilson e Raquel e a ocorrência de atividades paralelas às do restante da classe acabam por reproduzir as classes especiais na sala de aula regular. Ou seja: em alguns momentos, a segregação continua a ocorrer e a função da professora de apoio da maneira como está ocorrendo contribui para tal situação, além de naturalizar uma atitude de passividade, observada principalmente em Raquel no modo de se relacionar com os conteúdos e as propostas escolares.

Existem diferenças nos modos como Raquel e Wilson se relacionam com seu grupo quanto às atividades físicas realizadas tanto no recreio como nas aulas de educação física. Raquel foi chamada para brincar e, no jogo, os colegas tentaram evitar que ela fosse "queimada", poupando-a. Wilson foi o penúltimo a ser escolhido na formação de times durante a aula de educação física e foi visto sozinho durante os recreios. A professora relata que Raquel é chamada para as brincadeiras, mas fica excluída das conversas entre as meninas. Ao se referir a Wilson, a professora diz que é ele quem não se esforça por se incluir.

Diante disso, talvez o fato de Raquel ter uma deficiência fisicamente visível (a hidrocefalia) leve o grupo e a professora a lhe atribuir o papel de vítima, despertando a superproteção. Vale ressaltar a consideração de Amaral (1995) a esse respeito, afirmando que mesmo formas afetuosas de relacionamento com o significativamente diferente não excluem uma postura de discriminação e desvalorização desse indivíduo. A percepção da professora de que as colegas chamam Raquel para uma atividade (brincar), mas não para outra (conversar), demonstra que a sua inclusão no grupo é pautada por uma postura de ajuda baseada na superioridade. Já Wilson não tem uma deficiência física evidente, estando em uma situação que a escola chama de "laudo em aberto". A semelhança física com a norma, paradoxalmente, traz mais dificuldades de inclusão para Wilson nas atividades físicas, pois ele é "quase" esquecido nos jogos e brincadeiras na aula de educação física, passando despercebido no recreio. Novamente Wilson fica em desvantagem em uma constante situação de comparação com Raquel. Ao se referirem a um dos dois, é frequente os professores apontarem algum avanço de Raquel e algo que deixa a desejar em Wilson, referindo-se positivamente a ela, ficando para Wilson o papel negativo.

A tendência à comparação entre os alunos em situação de inclusão e entre eles e um ideal de normalidade também surge nas entrevistas. A professora de apoio questiona se a dificuldade que Wilson apresenta é real, ou se ele não tem disposição de aprender, ressaltando que ele "não faz nada, faz questão de não escrever, não aceita a minha ajuda, ele quer aparecer".

Na outra escola, os três alunos em situação de inclusão frequentam a sala de aula regularmente, durante todo o período e, além disso, têm uma ou duas vezes na semana atividades no contraperíodo com a professora de SAAI (Sala de Apoio e Acompanhamento à Inclusão). Nessa sala, os três têm atividades em conjunto e individualmente, fazendo uso de materiais pedagógicos diferentes dos da sala de aula, voltados basicamente a atividades de aquisição da leitura e da escrita e de cálculos matemáticos simples. Porém cabe observar que, durante o ano em que ocorreu a pesquisa, a professora de SAAI se desligou da escola ainda no primeiro semestre e os alunos que frequentavam a sala ficaram sem professor até ao menos o fim daquele ano, quando nossas investigações naquela escola se encerraram.

Observamos também que o professor de sala oferece tarefas diferenciadas para Lucas e Carlos após a explicação geral dada ao restante da classe. Quando eles terminam, o professor admite que passem o restante do tempo brincando com os demais colegas. Lucas não possui o mesmo material que os demais alunos, não traz cadernos nem estojo. Passa muito tempo sem fazer nada. Joga dominó e conversa com o professor, que não parece se importar se ele faz ou não a atividade. Em outro dia de observação, verificamos que ele circula pela sala, varre a classe e não faz a atividade. Quando o professor percebe, repreende-o. Depois, ele finge fazer o trabalho acompanhado por outro colega da sala. Verificou-se também a percepção negativa que os professores e os colegas de sala tinham sobre Lucas. As ações dos colegas de classe e as falas dos professores tendiam a apresentá-lo como "chato, aquele que não se toca".

Nos registros das observações realizadas em diferentes aulas há menção explícita de situações em que Carlos não está prestando atenção à aula ou à explicação que é dada pelos professores. De outro modo, também há observações de situações em que Carlos presta atenção mediante uma ação individualizada dada pelo professor para a realização da mesma atividade ou para atividades diferenciadas. Assim como com Lucas, observou-se que nem toda atividade diferenciada (correção de caderno, atividade com rimas na aula de matemática, dominó, desenho, dobradura, pintura, brincar com poliedros ou com pincéis) era acompanhada pelo professor ou mantinha alguma relação com a atividade realizada pelos demais. Algumas dessas atividades não eram propostas pelo professor, como no caso do jogo de dominó, em que foi o próprio Carlos a buscar a atividade para se ocupar. Observou-se também que, em certas ocasiões, ele preferiu ficar sem fazer nada, estando à parte da situação da sala. Às vezes, Carlos consegue obter atenção individualizada de alguns professores e em algumas situações, porém, na aula de informática, observamos que a professora não percebeu que ele não conseguia realizar a atividade sozinho, apesar de o colega ter chamado a atenção dela. Esse mesmo colega passa, então, a ajudá-lo. Nesse sentido, observou-se que, além da atenção individualizada dada pelo professor, a ajuda dos colegas também possibilitou a realização (ainda que parcialmente) das atividades e participação na aula. Essa ajuda ocorreu ou espontaneamente oferecida pelos colegas ou solicitada por Carlos. É interessante notar que, em certas situações, Carlos também se ofereceu para ajudar alguns colegas, até mesmo Lucas, emprestando sua cola e pegando os pincéis para ele. Carlos possui mochila com livros, caderno e estojo, buscando utilizar esses materiais durante as aulas.

Os professores consideram Carlos uma criança incluída. Relatam a boa relação com os colegas e sua participação nas aulas. Ele é percebido como, além de melhor incluído em comparação aos seus colegas nessa situação, aquele entre os três que possui mais recursos para acompanhar as aulas, compreender as propostas e absorver os conteúdos, vantagem esta que é explicada pelo professor como fruto dos tratamentos com especialistas fora da escola a que Carlos tem acesso. Apesar disso, as expectativas em relação a ele, muito genéricas, giram em torno de "dignidade" e de uma vida "como a da maioria", sendo que tais afirmações são feitas em relação a todas as crianças em situação de inclusão e não especificamente a Carlos, não havendo citações específicas em relação a expectativas de aprendizagem dos conteúdos escolares, apenas perspectivas muito vagas relacionadas à cidadania.

Quanto a Ivan, os professores consideram que ele não está incluído, pois, de acordo com eles, é ele quem se segrega dos colegas e se aproxima apenas dos professores. Está alfabetizado, porém não observamos o uso desse recurso. Professores afirmam que ele tem consciência da sua diferença e da sua exclusão e se aproveita desse fato para continuar dormindo e saindo da sala de aula, como se fosse um aluno "café com leite". Percebem que ele se desenvolveu, pois se alfabetizou, mas pode-se observar que a escola investe pouco em Ivan, afirmando que os demais tratamentos fora da escola são mais efetivos e produtivos. Pelas observações, constatamos que ele interage pouco com os colegas e, quando procura ou é procurado, não é incentivado pelos professores a desdobrar essas relações. A impressão é que seu isolamento está naturalizado e justificado pelo laudo psicológico, não merecendo esforço para que se altere. Participa pouco das atividades curriculares da escola e falta constantemente à aula. Não faz as atividades propostas para a turma, mas não é esperado que faça, não recebendo cobranças, críticas ou elogios do professor. Faz algumas atividades alternativas, quando propostas pelos professores, mas estas parecem descontextualizadas e sem sentido. Quando as termina, volta a dormir ou passear pela escola.

É interessante notar a ênfase dada pelo professor e pela escola aos tratamentos realizados por especialistas nesses alunos. O papel do especialista, mais uma questão controversa nas propostas de educação inclusiva, nesta escola foi colocado como o de alguém capaz de oferecer mais benefícios a esses alunos que a própria escola. Voltamos a presenciar a visão medicalizada desse tipo de aluno, o que talvez amplie a compreensão a respeito da desvalorização dos aspectos relativos à aprendizagem dos alunos considerados em situação de inclusão observados nessa classe.

O sociograma aplicado mostra que a relação dos colegas para com Wilson é predominantemente de rejeição – ele é o segundo mais rejeitado da classe –, mas ele também teve seis escolhas positivas dos colegas. Raquel teve uma escolha positiva e nenhuma negativa, sendo muito pouco evocada em comparação aos demais colegas. Isso reforça a impressão de que, mesmo sendo relativamente bem acolhida pelos colegas, há uma relação de superioridade dos demais para com Raquel e, quando se trata de escolha de colegas para realizar tarefas, ir à casa ou brincar (questões do sociograma), ela fica em uma situação de desvantagem.

Na aplicação desse instrumento na classe de Lucas, ele foi o que obteve mais rejeições entre todos os alunos da sala: foram 31 rejeições. Teve também sete escolhas positivas (para ter uma base de comparação, os alunos com mais escolhas positivas tiveram entre 15 e 20 citações e o segundo colocado nas rejeições obteve 25 citações). Já Caio foi citado apenas quatro vezes, e não teve nenhuma indicação como alguém com quem as outras crianças gostariam de brincar. Já para a questão oposta, "Com quem eu não gosto de brincar", Caio foi um dos mais lembrados da classe, com oito rejeições. Ele não foi uma das crianças mais citadas no sociograma, ficando na média da classe. No entanto, há mais rejeições do que preferências a ele. Os dados do sociograma também parecem indicar que Ivan é segregado: não só ele não teve nenhuma citação positiva, como teve pouquíssimas menções negativas (quatro). Ele quase não foi lembrado pelos colegas, o que pode indicar quanto ele está à parte do grupo.

Considerações finais

Os dados a respeito dessas escolas e alunos devem ser analisados tomando-se alguns cuidados: em primeiro lugar, não se trata de centrar a reflexão nessas crianças, correndo o risco de realizarmos "estudos de caso". Os relatos aqui apresentados se prestam, em nossa proposta, para evidenciar como as políticas e práticas pedagógicas decorrentes de uma cultura escolar incidem diretamente no modo como ocorre a entrada e a permanência do aluno considerado em situação de inclusão. Em segundo lugar, as situações de marginalização e de segregação observadas não devem servir para justificar o retrocesso a qualquer proposta de educação segregada. O fato de essas escolas considerarem-se inclusivas, aceitando inclusive a observação de pesquisadores, constitui-se em inegável avanço.

Feitas essas considerações, algumas das "velhas questões" apresentadas anteriormente ganham novos contornos para análise. Quanto ao currículo, ficou evidente em ambas as escolas que não há por parte dos professores a clareza do que deve ser apresentado aos alunos considerados em situação de inclusão nem como deve ser essa apresentação. Na escola em que há a presença de uma professora de apoio, a relação do professor de classe e seu papel perante esses alunos ficam distanciados, o que nos leva a questionar quanto essa prática não remete novamente a uma situação de educação segregada, apenas sem as paredes a delimitar o espaço. Além disso, a escolha do conteúdo a ser apresentado parece ficar mais sob a responsabilidade da professora de apoio do que da professora de classe. Esse tipo de prática parte do pressuposto de que aquilo que deve ser apresentado ao aluno em situação de inclusão deve ser inferior ao apresentado ao restante da classe. De outro modo, na escola sem o professor de apoio, fica também evidente a ausência quer de um planejamento de currículo adaptado, quer de um currículo flexível, com a proposta de atividades lúdicas ou artesanais desarticuladas da questão do ensino dos conteúdos previstos para aquela série. Em ambos os casos, revela-se quanto a própria relação do professor com os alunos e sua importância para a formação de uma opinião favorável entre eles fica afetada pela forma como o currículo é proposto. Atividades separadas favorecem uma atitude diferenciada do professor para com os alunos considerados em situação de inclusão, contribuindo assim para as situações de marginalização ou mesmo de segregação desses alunos, o que ficou evidenciado também na aplicação do sociograma.

A socialização pareceu ser o objetivo mais explícito das escolas quanto a seus alunos em situação de inclusão. Dissociada da aprendizagem, obtivemos respostas padronizadas quanto às expectativas de que esses alunos se insiram na sociedade de forma digna, porém sem menção ao domínio dos códigos linguísticos ou matemáticos – elementos centrais do cotidiano escolar –, mas que passam ao largo das expectativas dos professores quanto a esses alunos. A ideia de que apenas a proximidade entre alunos muito diferentes entre si já seria um ganho para todos foi colocada em questão quando da apresentação dos resultados de pesquisa de Monteiro e Castro (1997). Essas pesquisadoras relataram que os alunos em contato com colegas com deficiência intelectual revelaram ter uma atitude mais desfavorável a este tipo de colega que alunos que estudavam em escolas sem a presença de colegas com deficiências. A hipótese levantada pelas autoras é a de que o simples contato entre os alunos não bastava para que as relações fossem favoráveis, sendo necessárias outras interferências da escola para que a opinião sobre os alunos com deficiências fosse alterada. Embora a pesquisa seja focada em alunos com deficiências, é provável que os demais alunos considerados em situação de inclusão pelas escolas possam sofrer o mesmo caso de não haver políticas voltadas à inclusão. Com certeza o professor é central para a mudança de atitude em relação a esses alunos com uma intervenção planejada e consequente, porém ele deve sentir-se amparado pela instituição como o agente de uma política apoiada por todos ali.

A situação paradoxal em que os alunos em situação de inclusão se encontram, frequentando a escola, mas usufruindo pouco ou nada daquilo que ela tem a oferecer, expõe o paradoxo da educação atual para todos os seus alunos. Em uma sociedade contraditória, os objetivos da educação são contraditórios para todos. Nas formas predominantes de educação, a escola é, ao mesmo tempo, lugar da individualização e da homogeneização: as classes e as avaliações se organizam em torno da homogeneidade entre os alunos em busca de uma suposta eficiência escolar ao mesmo tempo que há uma ênfase no individualismo não como forma de expressão de si, mas como busca de desempenho técnico adaptado na execução de tarefas, em uma racionalidade que estimula nos alunos comportamentos individualistas, competitivos e o fechamento narcísico em si mesmo. Como já dito, esse desempenho é competitivo e estabelece a possibilidade de haver diferenças entre os alunos apenas quanto a sua seriação ou classificação em uma hierarquia entre aqueles que se saem melhor e aqueles inferiores a esse aspecto. Em um ambiente escolar marcado por tal ideal de produtividade e relações de competição, não apenas os alunos considerados em situação de inclusão terão menores chances de desenvolver suas habilidades, mas todos terão menos oportunidades de diferençar-se uns dos outros através da expressão de suas singularidades. Quando nos restringimos à percepção das diferenças apenas quanto a seu desempenho prático, além de naturalizarmos um modelo, evidencia-se um pensamento técnico capaz apenas de buscar aperfeiçoar o homem, adaptando-o às condições dessa sociedade, sem a possibilidade de pensar e propor formas radicais de alteração dela. Acreditamos, porém, que o princípio do desempenho, base para a tradicional divisão de alunos por classes que orienta a homogeneidade, abala-se com a proposta da educação inclusiva.

Relembrando o célebre texto de Adorno (1995) sobre os objetivos da educação em uma sociedade que foi capaz de produzir Auschwitz, a primeira tarefa da educação seria trabalhar contra a repetição da barbárie contribuindo para a formação de indivíduos emancipados e capazes, portanto, de uma autorreflexão crítica. Nessa perspectiva, a educação inclusiva deve significar a busca pelo máximo desenvolvimento possível das capacidades afetivas e intelectuais de todos os seus alunos. Isso implica não apenas incorporar nas classes regulares grupos minoritários antes segregados, mas também uma reflexão da própria escola sobre os objetivos da educação quanto aos indivíduos que ela almeja contribuir com a formação, questionando, sobretudo, a competição e a padronização destes.

Se, por um período da infância, a competição é necessária para reafirmar o sentimento de pertencimento ao grupo, afastando o temor da perda do amor do adulto (Freud, 1986), na organização social e escolar, ela se constitui uma atitude regredida capaz apenas de distanciar os indivíduos entre si, propagando um valor contraditório à igualdade. É importante frisar que só é possível almejarmos a igualdade porque ela traz como essência a diferença. E este deve ser um dos objetivos da educação: apresentar as normas socialmente partilhadas para que seja possível a expressão e o compartilhamento das diferenças (Crochík, 2007). É esta a individuação plena e crítica descrita por Adorno e que, a partir da proposta da educação inclusiva, ganha contornos mais definidos, contribuindo para a explicitação das contradições desta sociedade ao explicitar as contradições das relações e das ações presentes na escola.

A insistência de Adorno (1995) para que a educação seja voltada para o combate a todas as formas de opressão entre os homens não deve ser entendida como se apenas coubesse à escola modificar as relações de dominação características desta sociedade. Somente a educação não é capaz de modificar de forma radical essa situação. Porém, apenas na educação – e atualmente a proposta da educação inclusiva é a que mais se alinha a este pensamento –, é possível buscar a formação de uma consciência capaz de se opor a esse estado em que nos encontramos, o que pode ser considerado um avanço. Dessa forma, por se tratar de uma proposição cuja efetiva realização requer uma mudança radical nas relações entre os homens, a educação inclusiva aqui apresentada é uma proposta subversiva que, ao indicar as hierarquias e as relações de poder ali subjacentes e a possibilidade de dissolução destas, aponta para a sociedade democrática que não temos, mas que podemos desejar construir.

Referências bibliográficas

ADORNO, T. W. Educação após Auschwitz. *Educação e emancipação*. São Paulo: Paz e Terra, 1995.

AMARAL, L. A. *Conhecendo a deficiência*: em companhia de Hércules. São Paulo: Robe Editorial, 1995.

BATISTA, M. W.; ENUMO, S. R. F. Inclusão escolar e deficiência mental: análise da interação social entre companheiros. *Estudos de Psicologia*, Natal, v. 9, n. 1, p. 101-111, 2004.

BOOTH, T.; AINSCOW, M. *Index for inclusion*: developing learning and participation in Schools. Bristol: Centre for Studies in Inclusive Education, 2002.

CASCO, R. *Autoridade e formação*: relações sociais na sala de aula e no recreio. São Paulo, 2007. Tese (Doutorado) – Programa de Estudos Pós-Graduados em Educação: História, Política, Sociedade da Pontifícia Universidade Católica de São Paulo – PUC.

CASCO, R.; DIAS, M. A. L. Educação inclusiva, avaliação educacional e preconceito: contribuições da Teoria Crítica da Sociedade. *InterMeio*: revista do Programa de Pós-Graduação em Educação, Campo Grande, v. 17, n. 33, p. 140-153, jan./jun. 2011. <http://www.intermeio.ufms.br/revistas/intermeio33.htm>.

CROCHÍK, J. L. Normalização e diferenciação do indivíduo com deficiência intelectual: uma análise do filme "Os dois mundos de Charly". *Revista da FAEEBA – Educação e Contemporaneidade*, Salvador, v. 16, n. 27, p. 19-29, jan./jun. 2007.

CROCHÍK, J. L.; CROCHÍK, N. Preconceito e desempenho: as classes escolares homogêneas. *ECCOS Revista Científica*, v. 7, n. 2, p. 313-331, 2005.

CROCHÍK, J. L. et al. Atitudes de professores em relação à educação inclusiva. *Psicol. Cienc. Prof.*, Brasília, v. 29, n. 1, p. 40-59, mar. 2009.

_____. Análise de um formulário de avaliação de Inclusão Escolar. *Revista Imagens da Educação*, Maringá, v. 1, p. 71-87, 2011.

D'ANTINO, M. E. F. *A máscara e o rosto da instituição especializada*. São Paulo: Memnon, 1998.

FREUD, S. [1929]. *O mal-estar na civilização*. Edição Standard das Obras Completas de Sigmund Freud. v. XXI. Rio de Janeiro: Imago, 1986.

GOULD, S. J. *A falsa medida do homem*. São Paulo: Martins Fontes, 1999.

JANUZZI, G. S. M. Oficina Abrigada e a "Integração" do "Deficiente Mental". *Revista Brasileira de Educação Especial*, n. 1, p. 51-65, 1992.

_____. *A educação do deficiente no Brasil*: dos primórdios ao início do século XXI. Campinas: Autores Associados, 2004.

MANTOAN, M. T. E. *O desafio das diferenças nas escolas*. Petrópolis: Vozes, 2008.

MARCUSE, H. *A ideologia da sociedade industrial*: o homem unidimensional. 4. ed. Rio de Janeiro: Zahar Editores, 1973.

MENDES, E. G. A radicalização do debate sobre inclusão escolar no Brasil. *Revista Brasileira de Educação*, v. 11, p. 33, set./dez. 2006.

MITTLER, P. *Educação inclusiva*: contextos sociais. Porto Alegre: Artmed, 2003.

MONTEIRO, M. B.; CASTRO, P. *Cada cabeça sua sentença*. Oeira: Celta Editora, 1997.

PESSOTTI, I. *Deficiência mental*: da superstição à ciência. São Paulo: Edusp, 1984.

PACHECO, J.; EGGERTSDÓTTIR, R.; MARINÓSSON, G. L. *Caminhos para a inclusão*: um guia para o aprimoramento da equipe escolar. Porto Alegre: Artmed, 2007.

PRIETO, R. G. et al. Políticas públicas de inclusão: um estudo sobre a trajetória histórica da educação especial em Diadema. *Relatório de Pesquisa*, 2006.

VIÉGAS, L. S.; ANGELUCCI C. B. (Orgs.). *Políticas públicas em Educação*: uma análise crítica a partir da Psicologia Escolar. São Paulo: Casa do Psicólogo, 2006.

VIEIRA, C. M.; DENARI, F. E. O que pensam e sentem crianças não deficientes em relação às deficiências e à inclusão: revisão bibliográfica. *Educação e Contemporaneidade*, v. 16, n. 27, p. 31-40, 2007.

3

Educação Moral: o que tem acontecido nas escolas públicas brasileiras?

Maria Suzana S. Menin   Maria Teresa Ceron Trevisol

Introdução

Neste texto, discutimos a Educação Moral como um campo da educação que, embora se mostre urgente e reconhecido por todos como importante, é ainda pouco organizado nas escolas públicas brasileiras. Para tanto, apresentamos, resumidamente, uma pesquisa na qual buscamos conhecer projetos de Educação Moral de escolas públicas brasileiras de ensino fundamental e médio que pudessem ser considerados bem-sucedidos. Selecionamos, ainda, três experiências que consideramos muito interessantes a fim de discutirmos as possibilidades e dificuldades de sua implantação nas escolas e a formação de professores que o trabalho nessa área demanda.

A pesquisa *Projetos Bem-sucedidos de Educação Moral: em busca de experiências brasileiras*[1] iniciou-se em 2009 e buscou investigar o que as escolas consideram uma boa experiência nessa área da educação moral. Algumas questões inspiraram a pesquisa, como:

- O que as escolas brasileiras chamam por Educação Moral? E o que têm feito nessa área?
- Há diferenças entre o que as escolas chamam de Educação Moral, Educação em Valores, Direitos Humanos, Ética e Cidadania e entre as atividades que realmente são realizadas pelas escolas nesse campo?

---

[1] CNPQ-Processo: 470607/2008-4. Equipe: Maria Suzana de Stefano Menin (coordenadora da pesquisa); Maria Teresa C. Trevisol (vice-coordenadora); Alessandra de Morais Shimizu; Denise Tardeli; Heloisa M. Alencar; Juliana Ap. M. Zechi; Leonardo Lemos de Souza; Luciana S. Borges; Márcia Simão; Patrícia Unger Raphael Bataglia; Raul Aragão Martins; Solange Mezzaroba; Ulisses Ferreira Araújo; Valéria Amorim Arantes de Araújo.

- Que projetos, experiências ou iniciativas são consideradas "bem-sucedidas" pelas escolas? O que as motiva, como elas são e como se tornam possíveis?

Para responder a essas questões construímos um questionário que solicitava as opiniões de gestores escolares a respeito da necessidade ou não de Educação Moral nas escolas, como ela deveria ser dada e pedia a descrição de uma experiência realizada e considerada bem-sucedida. Almejamos alcançar escolas das cinco regiões do Brasil (Norte, Nordeste, Centro-Oeste, Sudeste e Sul).

Antes, porém, de descrevermos a experiência, tecemos algumas considerações sobre os processos de Educação Moral escolar no Brasil.

Um breve histórico da Educação Moral no Brasil

O que se entende por Educação Moral nas escolas brasileiras? O que se tem feito?

Como ponto de partida de nossa discussão, definimos Educação Moral como uma parte de todo processo educacional e que pode acontecer de modo formal ou informal. Ela tem como objetivo a construção, transmissão ou adesão de valores considerados importantes pela cultura em que se vive e que orientam como se deve ser e agir consigo mesmos e com os outros. Como estamos falando de valores morais, e não outras naturezas de valores (utilitários, técnicos, estéticos), referimo-nos àqueles que nos dizem como ser bons, justos, corretos, dentro dos referenciais sociais reconhecidos e aceitos. Assim, a Educação Moral, ou Educação em Valores, é aquela que almeja a formação de pessoas que pensam, atuam e se relacionam de acordo com os valores da justiça, da bondade, da solidariedade, do respeito, e tantos outros que nos tornam mais humanos; se não, virtuosos e capazes de uma convivência harmônica com os demais (Savater, 2004; Aristóteles, 2000).

Partindo dessa definição preliminar, passamos, então, a nos questionar sobre como a Educação Moral vem acontecendo no Brasil e vamos encontrá-la associada a duas orientações: a Educação Religiosa e a Educação Moral e Cívica.

A Educação Moral de fundo religioso ocorria, e ainda ocorre, de modo mais acentuado, nas escolas confessionais, embora escolas laicas também possam contar com professores que adotam a religião como forma de moralização e disciplinamento (Lima, 2008). Poderíamos sintetizar que a finalidade de uma educação religiosa é o ensinamento de valores tidos como consagrados e universais; como amor ao próximo, caridade, compaixão, fidelidade a Deus e aos ensinamentos da igreja, fé, e tantos outros que têm como fim possibilitar aos fiéis uma vida digna, neste e no outro mundo. Busca-se, como bem supremo, o perdão aos pecados e a salvação eterna.

Até hoje, pais que consideram importante que a escola dê uma educação moral a seus filhos tendem a colocá-los em escolas religiosas, confundindo a educação moral, ou do caráter, com educação religiosa.

Além da Educação em Valores de fundo religioso, a Educação Moral se implantou como Educação Moral e Cívica em todas as escolas brasileiras por meio de decreto na época da ditadura militar (1964-1985). Ela se fazia nas escolas mediante disciplinas e professores específicos e com manuais especialmente elaborados para esse fim. Estava muito ligada ao que se nomeava como civismo: o respeito à pátria e a seus símbolos, o patriotismo, a obediência às leis, aos deveres e direitos dos cidadãos. A finalidade última dessa educação voltava-se à manutenção da ordem social, à adequação às leis, ao controle social. Os dissidentes deveriam calar-se ou partir, de acordo com o *slogan* da época: *Brasil: ame-o ou deixe-o*. Assim, para a maioria de nós, a impressão que o termo Educação Moral nos causa não é agradável; lembramo-nos de controle, da obediência acrítica às autoridades, regulamentos e leis; das cerimônias cívicas, e, o que era pior, das ameaças e punições a qualquer pensamento divergente.

Com a abertura democrática, pós-1985, abolem-se os programas de Educação Moral e Cívica e, por alguns anos, vivemos nas escolas um vazio nessa área. O espaço da Educação Moral, ou em Valores, era ocupado, de modo assistemático, por preferências pessoais, quando não idiossincráticas (Menin, 2002).

No fim dos anos 1990, por iniciativa governamental, foram elaborados os Parâmetros Nacionais de Educação – PCNs (Brasil, 1997) e inseridos neles os temas transversais, surgindo novamente a Educação Moral, agora mais voltada à Ética. Nessa proposta, há ênfase na construção e nas vivências de valores como respeito, igualdade, diálogo, dignidade. Busca-se uma educação mais democrática e laica, que conte com a participação de vários membros da escola e que construa valores nos alunos de modo mais participativo, consciente, autônomo.

Consideramos que houve um avanço nessa proposta de Educação Moral pelos PCNs (Brasil, 1997), pois, em vez de basear-se em fins e autoridades governamentais, como na ditadura, ou na religião, como nas escolas confessionais, foi uma proposta que se ancorou na ciência, buscando estudos da Psicologia do Desenvolvimento, como os de Piaget (1977) e autores nele inspirados, para indicar o porquê e como da Educação Moral. No entanto, é fato que os Parâmetros Curriculares Nacionais, principalmente em seus temas transversais, como a Ética, foram bem pouco assimilados pelas escolas públicas ou confessionais. A Educação Moral continuou não se fazendo de maneira expressa e planejada ou aconteceu apenas através de certos projetos esporádicos, ora mais intensos, ora mais casuais.

Mais recentemente, graças a um incentivo crescente do Ministério da Educação e Cultura (MEC) e de certas Secretarias Estaduais e, por vezes, Secretarias Municipais de Educação, e em consonância com demandas mundiais, propõe-se às escolas a introdução da Educação em Direitos Humanos na qual os princípios e os artigos da Declaração Universal dos Direitos Humanos (1948) são foco de conhecimento, vivências e possíveis incorporações pelos alunos. Acredita-se que a Declaração – por expressar um código reconhecido mundialmente com valores universalizáveis – é a melhor explicitação de princípios e valores éticos que temos até agora e que conhecê-la, compreendê-la, pô-la em prática é a melhor forma de educar moralmente (Araújo e Aquino, 2001; Araújo, Puig e Arantes; 2007).

Esse breve resumo de nossa história da Educação Moral escolar nos faz vislumbrar que podemos encontrar nas escolas, hoje, iniciativas das mais diversas e ocorrendo de maneiras muito variadas. Entre as inúmeras possibilidades, perguntamos, então, o que predomina; o que é considerado "bem-sucedido" e o que, de fato, podemos considerar, com bases teóricas, uma experiência bem-sucedida. Estes são os objetivos da pesquisa que realizamos.

Antes de passarmos aos procedimentos metodológicos e seus resultados, é preciso que discutamos o que consideramos uma experiência de Educação "bem-sucedida".

Primeiro, e adiantando certos resultados da pesquisa, esclarecemos que empregamos, de início, a expressão experiências "bem-sucedidas" entre aspas, pois vimos que os critérios das escolas para assim classificar seus projetos de Educação Moral foram inúmeros e diversificados. Como resultado de nossa história e de nossa cultura, podem ser considerados projetos bem-sucedidos desde a transmissão de credos religiosos ou o incremento de ações caritativas, como projetos participativos de preservação ambiental ou de fortalecimento de consciência política. Assim, foi preciso que reuníssemos critérios provenientes da Psicologia do Desenvolvimento voltada às questões morais para poder decidir sobre quanto um projeto pode ser, de fato, "bem-sucedido".

Na Psicologia voltada às questões do desenvolvimento e da educação moral, contamos com Jean Piaget como seu pioneiro. Suas pesquisas nessa área (Piaget, 1977) mostraram os fatores psicogenéticos de construção de duas tendências antagônicas em moralidade, a heteronomia – a moral do dever ou da obediência à autoridade, e a autonomia – a moral do bem, ou da autoconsciência, movida por princípios de reciprocidade e justiça. Seus escritos mostraram, também, as implicações dos métodos de Educação Moral para o fortalecimento, ou não, da autonomia moral (Piaget, 1977; 1996). Por meio de Piaget (1996) uma ideia central sobre Educação Moral se consolida: a de que, nesse campo, as finalidades condicionam os meios; se a autonomia moral deve ser uma finalidade, os procedimentos educativos devem privilegiar atividades que envolvam situações de problematização em pequenos grupos, nas quais o diálogo e as ações democráticas sejam priorizados.

A partir dessas obras de Piaget, uma série de autores continuou discutindo possibilidades, metas e meios da Educação Moral escolar, sendo Lawrence Kolhberg (Kolhberg, 1992; Kohlberg, Power e Higgins, 1997) um dos mais eminentes. Ao nos deter em autores brasileiros, podemos sintetizar algumas de suas ideias em comum que nos ajudam a construir critérios para classificar uma experiência de educação moral como bem-sucedida:

- A escola é um dos principais espaços sociais para a Educação Moral, pois todas as relações sociais e pedagógicas que nela ocorrem envolvem valores (Shimizu, 1998; Carvalho, 2002; Carvalho et al., 2004; Goergen, 2007).
- Não é possível que a escola em nome de uma neutralidade ou relativismo moral não se situe em relação aos valores morais e/ou éticos considerados mais relevantes e urgentes para a socialização e dignidade de seus alunos (Goergen, 2007; Menin, 2002; Martins e Silva, 2009; Camino, Paz e Luna, 2009).
- Pais e professores clamam pela urgência dessa educação, embora possam discordar sobre quanto cabe a um ou ao outro por fazê-la; por isso, as relações entre escola, comunidade e família são importantes para uma Educação Moral bem-sucedida (Aquino e Araújo, 2000; Araújo, 2000).
- A Educação em Valores se dá por diferentes meios; no entanto, os mais eficientes e duradouros são os relacionados aos modelos recebidos e às práticas necessárias desempenhadas em situações reais. A simples transmissão de valores prontos é pouco eficaz (Carvalho, 2002).
- A Educação Moral escolar é melhor quanto mais ampla ela se apresenta na escola, envolvendo toda a comunidade e espaços escolares (Tognetta e Vinha, 2007; Trevisol, 2009).
- Na Educação Moral, as finalidades condicionam os meios: se a autonomia moral deve ser uma finalidade, os procedimentos educativos devem privilegiar atividades que envolvam situações de problematização em pequenos grupos, mediatizadas pelo diálogo e pelo respeito à diversidade e à democracia, devem estar em um processo contínuo de construção e prática, como meio e finalidade (Piaget, 1996).

Assim, uma experiência de Educação Moral será bem-sucedida na medida em que a escola assuma esse processo educacional também como sua tarefa; situe-se em relação aos valores morais considerados mais importantes e universalizáveis e os incorpore na estrutura e gestão da própria escola; adote métodos democráticos para a consolidação desses valores, envolvendo grande parte dos agentes escolares e buscando um ensino transversal dos valores e não apenas o situando em uma disciplina ou professor; conte com a parceria das famílias e da comunidade no entorno da escola para a construção e/ou consolidação dos valores escolhidos; e produza resultados que evidenciem uma incorporação consciente dos valores pelos alunos, tornando-os moralmente mais autônomos.

Passamos, então, a apresentar a pesquisa que realizamos com a finalidade de saber o que se passa nas escolas públicas brasileiras em termos de Educação Moral e investigarmos quanto suas experiências nesse campo podem ser consideradas bem-sucedidas.

A pesquisa nas escolas públicas brasileiras

Durante o ano de 2009, coletamos experiências de Educação Moral nas escolas públicas de Ensino Fundamental (6º a 9º ano) e Ensino Médio das cinco regiões do Brasil por meio de um questionário on-line aplicado com o uso do software Survey Monkey. Para a aplicação do questionário, fizemos contatos com todas as Secretarias Estaduais de Educação, e mesmo com o Conselho Nacional de Secretários Estaduais de Educação (Consed), a fim de obtermos autorização e apoio para seu envio às escolas. Quando a comunicação por internet com as escolas foi difícil, ou pouco produtiva, os questionários foram aplicados *in loco* em reuniões em Delegacias Estaduais ou Regionais de Ensino, Secretarias de Educação, ou foram enviados pelo correio ou, ainda, aplicados nas próprias escolas.

O questionário utilizado apresentava 24 questões, sendo algumas objetivas e outras dissertativas, visando à descrição de uma experiência de educação moral. As primeiras solicitações pediam aos sujeitos que dissessem se a escola deveria oferecer Educação Moral, qual a justificativa e como deveria ser. Essas questões tinham como objetivo apreender as representações mais espontâneas dos participantes. As demais questões se referiram às experiências de educação moral que as escolas haviam realizado. Pedimos, inicialmente, uma descrição geral, e, depois, solicitamos esclarecimentos mais detalhados sobre os projetos a respeito de: finalidades, conteúdos, meios empregados, participantes, tempo de duração, relações da experiência com a comunidade extraescolar e formação específica para sua realização.

Obtivemos, depois de um ano de coleta, 1.062 questionários respondidos e passamos a examiná-los, lendo as experiências e categorizando as respostas por questão. Em uma segunda etapa da pesquisa, após a leitura de todos os questionários respondidos, visitamos as escolas cujos projetos nos pareceram bem-sucedidos e entrevistamos seus coordenadores, professores e alunos. Selecionamos, neste texto, três experiências de modo a ilustrar alguns projetos que consideramos bem-sucedidos.

O que as escolas públicas consideram Educação Moral? Algumas respostas

Responderam ao questionário, em proporções quase iguais, diretores de escolas, coordenadores pedagógicos e professores, tanto de Ensino Fundamental como de Ensino Médio. A representação das escolas por Estado foi muito desigual: entre as 1.062 respostas, obtivemos 7% da região Norte (Acre, Amapá, Amazonas, Rondônia, Roraima e Tocantins); 17,5% do Nordeste (Alagoas, Bahia, Ceará, Maranhão, Pernambuco, Piauí, Rio Grande do Norte e Sergipe); 5% do Centro-Oeste (Goiás, Mato Grosso e Mato Grosso do Sul); 14% do Sul (Paraná, Rio Grande do Sul e Santa Catarina) e 57% do Sudeste (Espírito Santo, Minas Gerais, Rio de Janeiro e São Paulo).

Considerando o banco geral de dados com as 1.062 respostas, um primeiro tratamento dos resultados consistiu em uma quantificação das respostas às questões construídas na forma de alternativas. Estas permitiram identificar algumas tendências mais gerais nas descrições das experiências.

As questões empregadas indagavam:

- Se a escola deveria ou não oferecer Educação Moral.
- Se já participou de alguma experiência em Educação Moral ou outras no gênero.
- Se o que realizou poderia ser considerado uma experiência "bem-sucedida".
- Qual foi o tempo de duração da experiência.
- Quem participou da experiência e quantos foram.
- Se a comunidade do entorno da escola provocou a experiência.
- Se foram percebidas mudanças.
- Se a experiência foi avaliada e se a escola recebeu alguma formação para realizá-la.

Os resultados evidenciaram que a grande maioria dos participantes da pesquisa (96%) é a favor de que a escola ofereça Educação Moral. Entre os respondentes, 72% afirmaram que participaram de alguma experiência do ano de 2000 em diante. Entre as alternativas existentes, foram apontadas experiências de Cidadania na Escola (54%), Ética na Escola (44%), Direitos Humanos (36%), Educação em Valores (39%) e Educação Moral (19%). Cabe destacar que, geralmente, os respondentes classificaram a experiência em mais de uma temática. Assim, o tema da Educação Moral não casou estranhamento às escolas, embora a nomenclatura mais empregada refere-se à de Ética na Escola ou Educação em Valores.

Entre os respondentes que relataram experiências, 94% a colocaram como bem-sucedida.

Os projetos descritos tiveram duração variada: 49% deles duraram mais de seis meses na escola, 23% de um a seis meses e 28% de uma semana a um mês. Eles envolveram, na sua maioria, mais de cem alunos e de trinta professores. A maioria das experiências incluiu também a equipe gestora (93%) e os funcionários da escola (73%). Algumas envolveram as famílias (64%) e entidades externas à escola (43%).

Os respondentes disseram em 60% dos relatos que de alguma forma a experiência foi provocada pela comunidade.

Quando questionados sobre a ocorrência, ou não, de mudanças no ambiente escolar com a experiência, 94% dos participantes responderam afirmativamente. Cerca de 80% das experiências foram avaliadas de formas diversas.

Por fim, apenas 29% das escolas com experiências relatadas indicaram ter recebido alguma formação para atuar nesse tema.

Assim, em síntese, ressaltamos como resultados mais gerais que:

- A grande maioria dos agentes escolares acredita que a escola deva oferecer Educação Moral.
- Os que realizaram algum projeto nessa área tendem a considerá-lo bem-sucedido, pois veem que este obteve resultados positivos, que envolveu grande parte da comunidade escolar, que ocorreu em parceria com famílias dos alunos e com a comunidade vizinha à escola.

No entanto, apesar dessas respostas, após a leitura e análise cuidadosa das experiências descritas, constatamos que menos de 5% delas, nos mais de mil questionários examinados, poderiam ser consideradas bem-sucedidas em Educação Moral à luz dos critérios oferecidos pela literatura da área e anteriormente sintetizados neste texto. Foi constatado que a maioria das experiências apresentou-se como iniciativas isoladas na escola; sem envolver mais que um ou dois professores e suas classes e incluía, algumas vezes, a transmissão direta e expositiva de valores, como a antiga Educação Moral e Cívica ou o Ensino Religioso. Além disso, as experiências tinham finalidades variadas, que, por vezes, confundiam valores sociais (por exemplo, boas maneiras) com valores morais e, frequentemente, buscavam apenas o controle disciplinar dos alunos.

Vimos, também, em grande parte das experiências, que finalidades e métodos não mostraram uma coerência entre si, ou seja, a busca da incorporação voluntária de valores pelos alunos não implicou a adesão de métodos democráticos para sua construção e não resultou em uma mudança mais ampla na gestão da escola e nas formas de regular as relações sociais dentro delas. Além disso, mesmo iniciativas interessantes de certos professores para promover a construção de valores morais em seus alunos mostraram-se, frequentemente, totalmente isoladas dos demais espaços e relações pedagógicas e sociais na escola.

A maioria das experiências relatadas se constituiu de iniciativas esporádicas, não incorporadas por toda a escola, temporárias e de resultados pouco palpáveis.

Assim, uma minoria entre as iniciativas relatadas poderia se aproximar do que pretendíamos classificar como projetos bem-sucedidos. A fim de ilustrá-las e discutir suas possibilidades de generalização, descrevemos os projetos que se seguem.

Relatos de experiências bem-sucedidas em Educação Moral

Depois da leitura cuidadosa dos projetos obtidos no questionário e após alguns contatos feitos por telefone e e-mail, decidimos realizar visitas àquelas escolas com projetos que pareceram interessantes. Nessas visitas, entrevistamos professoras e demais idealizadores dos projetos, assim como alguns alunos envolvidos. As descrições que se seguem ilustram algumas dessas experiências consideradas bem-sucedidas, apesar de certos limites que elas contêm e que serão apontados. Elas nos possibilitam, também, visualizar como suas ações foram possíveis e quanto podem inspirar outras escolas.

O projeto "Vivendo valores na escola"

O Projeto "Vivendo valores na escola" foi desenvolvido durante os anos de 2009 e 2010 em uma escola de educação básica no município de Capinzal, localizado no oeste do Estado de Santa Catarina.[2] Esta é uma escola pública estadual, fundada nos anos 1950, e está situada na área central da cidade, recebendo alunos de famílias das diversas localidades do município como também de municípios vizinhos.

---

[2] Preferimos não identificar neste texto a escola e os nomes dos relatores e entrevistados. No entanto, esta e outras experiências consideradas bem-sucedidas de Educação Moral podem ser lidas na íntegra no *site* da pesquisa: <http://www4.fct.unesp.br/projetos/educacaomoral/>.

No ano de 2010, completaram-se sessenta anos de atividades educacionais na comunidade. Atualmente, atende a segunda etapa da educação básica, isto é, o Ensino Fundamental (1º ao 9º ano). Possui dezoito turmas nos turnos matutino e vespertino, totalizando 490 alunos. O quadro de docentes é composto por treze professores efetivos com graduação e com pós-graduação em nível de especialização e sete professores ACT (Admitido em Caráter Temporário), sendo que dois deles ainda se encontram em formação na área específica que estão atuando.

A gestão escolar é composta por uma equipe formada por um diretor, um assistente de educação, um assistente técnico pedagógico, um administrador escolar e um orientador educacional. Auxilia ainda no trabalho escolar um professor readaptado que atende a sala de materiais e serviços de fotocópias.

Demandas e objetivos: construindo o projeto

A escola nos seus sessenta anos de existência sempre teve como missão, inserida no seu Projeto Político-Pedagógico, desenvolver valores éticos no indivíduo para a boa convivência de todos dentro e fora da escola.

Durante a semana de planejamento e organização do ano letivo, junto com os professores e com a equipe gestora, a orientadora educacional discutiu e pesquisou quais os temas que o coletivo da escola considerava necessários para trabalhar com as turmas, principalmente das séries finais do Ensino Fundamental. Ficou definido que aulas de ensino religioso seriam utilizadas junto com a professora responsável, e se desenvolveria um grande projeto de orientação sobre a valorização da vida abordando os valores éticos e morais, conduta familiar e social, atitudes na escola, com colegas e professores.

A partir desse planejamento e consenso da gestão, dos professores e funcionários da escola, organizou-se o conjunto de atividades a serem desenvolvidas, de maneira que, semanalmente, um profissional estaria trabalhando em sala de aula para verificar as necessidades, os problemas, os relacionamentos interpessoais e para ouvir as opiniões dos alunos, buscando a melhoria *no* e *do* ambiente escolar.

Mesmo a escola organizando-se com um profissional que pudesse trabalhar de maneira mais próxima, sistemática, sobre temas relacionados aos valores, todos os professores assumiram a responsabilidade de colaborar com o projeto proposto e buscaram em suas aulas desenvolver os princípios elencados no Projeto Político-Pedagógico. Assim, a escola através da prática diária desenvolveu temas como: aprender a aprender; vivência dos valores: respeito, solidariedade, disciplina, responsabilidade, coletividade; trabalho unificado/coletivo; humanização das relações sociais e compromisso.

O projeto de trabalho pautou-se em programar as aulas com dinâmicas diversas que permitissem aos alunos expor suas opiniões refletindo, principalmente, sobre a importância da vida, valorizando-a através de bons hábitos de saúde física, mental e espiritual, reflexão sobre valores, seus próprios comportamentos, atitudes e tomada de decisão.

Relato da ação pedagógica desenvolvida

Buscando alcançar os objetivos propostos, consistiu preocupação constante da escola a organização dos procedimentos metodológicos a serem utilizados no decorrer dos encontros com os alunos. Optou-se por diferentes recursos, principalmente objetivando processos de reflexão dos alunos sobre os temas propostos. De acordo com o assunto (aceitação de si, respeito, solidariedade, sentimentos, identidade, integração, grupo, comunicação e sexualidade) e com a turma, foram utilizados diferentes métodos: projeção de filmes, vídeos, *slides* e documentários, leituras de textos e livros, narração de histórias, apresentações dos trabalhos realizados pelas turmas em Atividade Cívica Cultural (uma a cada quinze dias), exposição dos trabalhos em murais na escola e nos jornais da cidade.

Conforme a temática a ser desenvolvida e de acordo com o conteúdo abordado, outras disciplinas foram se integrando ao projeto, possibilitando ao aluno verificar o interesse dos profissionais que atuam na escola com o projeto que estava sendo desenvolvido. O grupo de professores e a equipe gestora estavam coesos e afinados, voltados para o desenvolvimento do aluno como ser de intelecto, de sentimentos e de atitudes.

Cada um dos encontros semanais havia delimitado um foco de trabalho, uma história que suscitasse discussão sobre a temática de valores ou que se trouxesse à discussão comportamentos e atitudes do cotidiano da escola, da família e da sociedade.

Das atividades realizadas com os alunos e descritas pelos profissionais participantes, merecem destaque duas delas que descreveremos a seguir.

A primeira atividade que destacamos aconteceu na turma da 8ª série (2009). A orientadora educacional leu a história *Um cego com dois olhos só*, de Carlos Alberto Sanches, da coleção "Encantamento de Valores". Depois da leitura, os alunos debateram e opinaram sobre o que cada um deles havia entendido sobre a história, citando situações do cotidiano que envolviam pessoas de suas relações sociais, ou até mesmo deles próprios em virtude da fase da adolescência que se encontravam. A temática da história trata da aceitação de si mesmo, assunto difícil para os adolescentes, pois, de acordo com a equipe da escola, nesse período, os jovens passam por uma nova fase de egocentrismo em que o mundo parece girar somente de acordo com suas vontades. Nessa idade, acham-se os mais feios, pensam que o(a) colega sempre é mais bonito(a); não se gostam, não gostam do cabelo, da cor da pele, reclamam de tudo, ou querem tomar atitudes de adultos. Os adolescentes parecem pensar que podem tudo; a palavra deles é que vale e deve sempre ser a última – principalmente com relação à família.

Depois da discussão do texto, solicitou-se que produzissem outro texto (prosa, poesia) sobre aceitação de si mesmo baseando-se na história lida. Os trabalhos foram entregues, corrigidos, expostos no mural da escola e um deles foi o escolhido para ser apresentado no momento cívico cultural e, posteriormente, enviado para ser publicado nos jornais da cidade.

A segunda atividade que destacamos, dando sequência ao projeto iniciado em 2009, foi realizada em 2010, com o tema "*Bullying*, isso não é brincadeira!". Sabe-se que *bullying* é uma forma específica de violência e é um mal que aparece com grande ênfase nas escolas. Nessa escola, de acordo com relato da orientadora e dos professores, não é diferente; por isso a ocorrência de *bullying* precisou ser identificada, reconhecida e tratada como um problema social, complexo e de responsabilidade de todos. Nesse sentido, desenvolveram-se algumas atividades preventivas e ações combativas para a redução da violência na escola.

Primeiro, houve, conforme os relatores, uma boa conversa clara e aberta, expondo a gravidade contida nesse ato e suas consequências. Em seguida, realizou-se uma apresentação de *slides* sobre o que é *bullying*, tipos de *bullying*, vítimas, agressores e testemunhas, consequências para quem sofre o ato e como identificar a vítima. Organizou-se uma autobiografia escolar com o objetivo de revelar os pensamentos, sentimentos e emoções que podem estar sendo camuflados ou reprimidos pelos alunos.

Durante o projeto foram elaborados cartazes com relatos sobre pessoas famosas que durante a vida foram vítimas de *bullying* e superaram o trauma. Os próprios alunos criaram frases e desenhos, descrevendo a importância de ter um amigo, de respeitar, de se colocar no lugar do outro, ser solidário, saber ganhar e perder, saber conviver com o diferente, que foram espalhados pelos murais e corredores da escola.

Principais resultados e formas de avaliação

O trabalho sobre valores desenvolvido durante os anos de 2009 e 2010 foi bem-aceito pelos alunos, pais e professores. Em conversa com a professora de Geografia, ela assim se posicionou:

Trabalhar o tema "Valores" nas disciplinas escolares é fundamental, pois nossos adolescentes estão carentes em vivenciar estas práticas, seja em casa, na rua ou com o grupo de amigos. Nós, educadores, temos o dever de mostrar que nossa existência deve ser construída e vivida com valores éticos, morais e espirituais, só assim teremos uma sociedade solidária, justa e coerente com seu pensar e agir.

É possível verificar na manifestação da professora a compreensão de que os valores são aprendidos não *apenas* na escola, mas *também* na escola. Reportamo-nos ao que nos aponta Zabalza (2000, p. 23) quando sugere três níveis de ação das escolas no âmbito da educação em valores, são eles:

1. mediante os próprios compromissos institucionais;
2. por meio do currículo;
3. pelo nosso próprio exemplo como professor(a).

Com relação aos valores institucionais, não se restringiram aos valores que a escola deseja transmitir e exigir dos alunos, mas sim aos valores que a instituição, como comunidade educadora, possui; uma vez que grande parte dos valores é aprendida pelas interações com a família, grupo de amigos(as), na escola, comunidade e é vivenciada nas ações cotidianas. Dessa ótica, é importante que a escola analise seu estilo de funcionamento, a dinâmica institucional e o modelo educativo que é "respirado" entre todos.

Assim, é importante que o currículo escolar esteja carregado de valores para que se torne parte substantiva dos conteúdos explícitos que as escolas devem transmitir aos estudantes.

[...] propostas curriculares oficiais costumam compilar não apenas os conteúdos de informação que os alunos devem assimilar nas diferentes matérias do currículo, mas também as atitudes e os valores que se pretende comunicar-lhes ao abrigo do trabalho escolar nas diferentes áreas curriculares. (Zabalza, 2000, p. 23)

É também essencial que essa construção de valores se dê por meio do próprio exemplo, já que o professor transmite valores não apenas quando ensina, mas também quando os transforma em "estilo de vida".

Reafirmamos essa compreensão nas palavras de Zabalza (2000, p. 24) que enfatiza:

A ação do professor como modelo de atitudes faz com que o tema do ensino dos valores transcenda a natureza fundamentalmente técnica do ensino e de outros conteúdos. [...] quando um professor "vive" com intensidade um determinado valor, este acaba sendo transmitido com força aos alunos.

Durante o contato com a escola, tivemos a oportunidade de conversar com alguns alunos(as) que participaram nos dois anos (2009-2010) das atividades realizadas sobre a importância de a escola trabalhar com temáticas pautadas na Educação em Valores. Destacamos, a seguir, a posição de duas das alunas:

Uma aluna que estuda na 7ª série ressalta:

> Em nossa escola os assuntos foram bem trabalhados, bem comentados, discutidos. Os alunos se interessam por esses temas. Os trabalhos realizados e expostos na escola deram oportunidade de outras turmas lerem e refletir sobre cada assunto.

Uma aluna da 6ª série expõe seu ponto de vista da seguinte maneira:

> As aulas de Ensino Religioso de 2009 e 2010, trabalhadas por diferentes professores, possuíam a mesma intenção: educar mostrando o valor da vida. Em 2009 tivemos diferentes tipos de tópicos, ou seja, diferentes tipos de conteúdos como: sexualidade, amizade, respeito à escola, pessoas, família e valorização da vida.
> Fazendo uma avaliação das aulas de Ensino Religioso de 2009 e 2010, foram uma lição de vida para todos nós e fica a critério de cada um decidir que rumo tomar e é com a ajuda dessas professoras que vemos quem verdadeiramente somos.

Limites e dificuldades

Um dos grandes fatores que limitam as iniciativas da escola em trabalhar sua proposta fundamentada em valores está relacionado à seleção do professor da disciplina de Ensino Religioso; isto é, muitas vezes, essa disciplina é assumida por um professor apenas porque ele precisa completar sua carga horária. Nem sempre o profissional gosta de desenvolver temáticas dessa natureza em sala de aula. Nesse sentido, são necessários projetos que sejam assumidos e desenvolvidos pelo coletivo da escola, e não ficar somente sob a responsabilidade do professor e da disciplina de Ensino Religioso.

Do mesmo modo, conforme a relatora do projeto, "a escola às vezes investe em momentos esporádicos, com palestras, que também são importantes, mas esquece de que é o contato diário com o aluno que deve proporcionar reflexões sobre si mesmos e sobre suas atitudes no coletivo da escola".

Outro fator limitante, importante, é o pouco envolvimento da família com o cumprimento de regras que a escola tem definidas no seu Projeto Político-Pedagógico. Para algumas famílias, a escola ainda é a única responsável por desenvolver valores e regras de conduta nas crianças e nos adolescentes.

A orientadora educacional da escola avaliou as atividades realizadas, enfatizando que

Ao desenvolver as ações planejadas, percebeu-se que a escola está, cada vez mais, trabalhando, primeiro, para educar no sentido de desenvolver bons hábitos nos alunos, para fazê-los entender regras de bom convívio, sentimentos de companheirismo e solidariedade, para, em segundo lugar, realizar sua verdadeira atividade que é a de ensinar.

Assim, a escola que tem por objetivo ser instituição de relevância no desenvolvimento do caráter de pessoas e homens de bem, principalmente, na construção e reconstrução de ambientes harmônicos e dialógicos, e de convivência, não deverá deixar de lado a discussão, os debates sobre a própria condição de convívio, sobre o que é certo e errado e que afetam o desenvolvimento das parcerias e a coletividade.

Algumas considerações sobre o projeto

Mesmo que a descrição do projeto realizado em Santa Catarina seja sucinta, ele nos oferece interessantes elementos de análise e discussão, favorecendo o alcance dos objetivos deste texto, que se referem ao conhecimento do porquê esse projeto pode ser considerado "bem-sucedido"; favorece, também, a reflexão sobre o "como" do projeto, ou seja, que recursos e estratégias são utilizados para alcançar esse propósito. Vamos nos deter, a seguir, a comentar alguns aspectos:

1. O relato nos permite confirmar que os projetos, as ações pedagógicas que são realizadas nessa escola, somente alcançaram seus objetivos em virtude de estarem delineados ao Projeto Político-Pedagógico dessa instituição. Esse documento sintetiza a visão de homem, de mundo, de sociedade, de processo de ensino e de aprendizagem que norteará "os caminhos" da escola e de seus profissionais. Nesse sentido, é fundamental que todos os profissionais participem da construção e reconstrução desse projeto, principalmente, no início de cada ano letivo, pois a "vida da escola" é dialética e dinâmica, não há como pensarmos em documentos que não necessitem de reformulações e ajustes, pois novas e antigas demandas precisam ser repensadas e encaminhadas.

    Quando nos remetemos à ação pedagógica relacionada ao tema valores, é fundamental que o coletivo escolar esteja envolvido e consciente de seu papel de intervenção. No projeto relatado foi possível observar essa parceria entre os profissionais e o reconhecimento dessa parceria nos relatos dos alunos. Formar para os valores implica vivência destes no dia a dia da escola e da sala de aula, no pátio, no refeitório; enfim, todos os espaços de convívio e de diálogo entre pessoas devem estar embebidos desse propósito (Trevisol, 2009).

2. É importante ressaltar nas ações que são realizadas nessa escola a importância e a preocupação de seus profissionais com a organização de procedimentos metodológicos que possibilitem no aluno *processos de reflexão* sobre o tema valores e outros temas morais. Acreditamos que toda a atividade pedagógica que mobilize o aluno para processos de reflexão (flexão sobre si mesmo) e descentração (colocar-se na perspectiva do outro), o pensar sobre, a construção de argumentos, contra-argumentos, até alcançar (sempre que possível) o consenso sobre determinados focos, são essenciais para ativar a dimensão cognitiva e afetiva do aluno; ao contrário de metodologias que somente se baseiam na reprodução, na realização de tarefas que não são significativas para o aluno, que as executa por obrigação e não por interesse, envolvimento com o tema a ser discutido/aprendido (Trevisol, 2009). Nesse sentido, atividades que utilizam recursos didáticos como fábulas, pequenas histórias, análise e discussão de histórias de vida, elaboração de painéis, cartazes, teatros, registro escrito da experiência vivenciada e refletida na escola constitui estratégia valiosa para o trabalho na dimensão da moral e dos valores. Entretanto, para que esse objetivo seja alcançado, é fundamental, tanto para os profissionais que atuam na escola como para os alunos, o diálogo.

É por meio do diálogo que os sujeitos revelam sua "incompletude", como diria Paulo Freire (1996), "seria impossível saber-se inacabado e não se abrir ao mundo e aos outros à procura de explicação, de respostas e múltiplas perguntas".

3. Consideramos o projeto desenvolvido na escola uma "proposta de educação moral", compreendida não e tão só como um meio de adaptação social ou de aquisição de hábitos virtuosos; também não é apenas o desenvolvimento do juízo moral ou o descobrimento dos próprios valores. A educação moral é uma tarefa complexa que os seres humanos realizam com a ajuda dos seus companheiros e dos adultos para elaborar aquelas estruturas de sua personalidade que permitirão integrar-se de maneira crítica ao seu meio sociocultural (Puig, 1998).

A posição dos professores, participantes da experiência relatada, confirma que a escola é o *locus* que deve possibilitar a construção do aluno, também no que se refere a dimensão da moral e dos valores. Parafraseando os professores Cortella e La Taille (2005), a escola é o espaço privilegiado das crianças durante anos; é lá que elas crescem. Não se pode supor que só se vá ensinar uma parte dos conhecimentos, deixando de lado o civismo, a moral e a ética.

O projeto "O Bandeirante na construção de uma cultura de paz"

O projeto "O Bandeirante na construção de uma cultura de paz" desenvolve-se em uma escola estadual de Ensino Médio, desde 2001, e ainda está em curso.[3] A escola está localizada em área central urbana da cidade de Guaporé, na região da Encosta Superior Nordeste do Rio Grande do Sul. Foi fundada em 1926 e trata-se da escola pública mais antiga de toda a região, colonizada desde fins do século XIX por imigrantes italianos. É também a maior de todas as escolas da região, dando atendimento em 2010[4] a 1.130 alunos, em todos os níveis da educação básica. A escola atende em três turnos e nela atuam 59 professores e 12 funcionários. No matutino, há atendimento à educação infantil, às séries iniciais do Ensino Fundamental e ao Ensino Médio; no vespertino atende à educação infantil, e a todas as séries do Ensino Fundamental; no noturno atende ao Ensino Médio.

Desde 2001, a equipe diretiva da escola, sempre renovada nos processos eleitorais, vem procurando promover uma gestão educacional dando prioridade aos fazeres pedagógicos, com o desenvolvimento gradual e sucessivo de inúmeras, articuladas e complementares ações formativas e projetos interdisciplinares, envolvendo a comunidade escolar. Na base de todo esse processo vivido, um intenso programa de formação continuada desenvolveu-se, oferecendo os aportes teórico-metodológicos fundamentais para as mudanças nas práticas pedagógicas que nela passaram a ocorrer, entre eles o projeto de cultura de paz.[5]

Em termos de organização político-pedagógica, a escola possui uma equipe diretiva, atualmente constituída por um diretor, além de professores que ocupam cargos de vice-direção e de coordenação pedagógica, incluídos aí a orientação pedagógica e a orientação educacional. A escola também conta com Conselho Escolar e com o Círculo de Pais e Mestres (CPM), estes muito atuantes na instituição.

---

[3] Tal como no projeto anteriormente relatado, preferimos não identificar neste texto a escola e os nomes dos relatores e entrevistados. No entanto, esta e outras experiências consideradas bem-sucedidas de Educação Moral podem ser lidas, na íntegra, no *site* da pesquisa: <http://www4.fct.unesp.br/projetos/educacaomoral/>.
[4] Em 2001, quando iniciou o projeto, a escola atendia a mais de 1.700 alunos.
[5] Entre os projetos desenvolvidos, citamos o curso de extensão "Educação e a ética do cuidado" (2002), o curso de especialização "Gestão interdisciplinar da educação" (2004-2006), ambos em parceria entre a escola e a UFRGS. Em sucessivas edições, a partir de 2004, construiu-se um curso de aprofundamento pedagógico intitulado "Encantos e exigências nas práticas educativas".

Motivação ou finalidades buscadas no projeto

Este projeto, inaugurado em 2001, desenvolve-se até o presente, embora tenha passado por crises e transformações. Teve sua origem no desejo da equipe diretiva, que assumira a direção da escola no ano anterior, em aprofundar questões relacionadas às manifestações de conflitos e violências que eclodiam no meio escolar e à busca de alternativas para constituir a escola como um *locus* saudável de convivência. Diante desse quadro, merece destaque o encaminhamento assumido pela equipe de buscar auxílio para resolver a situação problemática apresentada, inicialmente em uma ONG denominada "Educadores da Paz" (de Porto Alegre), que passou a desenvolver um trabalho de assessoria à equipe, que, por sua vez, decidiu mobilizar os professores. Os encontros passaram a envolver gradativamente os professores e eram desenvolvidos na forma de oficinas, garantindo-lhes a apropriação de elementos teóricos, didáticos e metodológicos para o processo formativo que passou a ser desenvolvido em sala de aula.

As temáticas abordadas partiam, tratavam e remetiam ao vivido na realidade da escola, articulando-se os processos reflexivos com a vida concreta dos sujeitos envolvidos, oferecendo-lhes contribuições significativas para que pudessem se transformar e assim transformar as relações e situações conflitivas no contexto da escola. Isso parece ter sido, desde o início, o mais importante do processo, na medida em que os educadores passaram a descobrir-se como protagonistas de um processo de transformação do seu espaço de convivência. Com os primeiros resultados positivos, o processo fortaleceu-se e todos os professores e funcionários da escola tiveram a oportunidade de participar do Curso de Educação para a Paz, que ocorreu em etapas sucessivas (em 2003-2004). Da mesma forma, o projeto ampliou-se para atender também a alunos e pais. Para os pais foram criadas as "noitadas da paz", momentos de encontro, partilhas e reflexões de temáticas do seu interesse, sempre aproveitando a presença dos assessores do curso dos professores.

A partir de 2003, o projeto passou a contar também com a assessoria de outra ONG, o Serpaz (Serviço de Paz), que, por meio de uma metodologia singular e inovadora de oficinas, voltadas a capacitar para a gestão dialogal de conflitos, começou a envolver prioritariamente os estudantes jovens da escola. A acolhida da proposta por parte dos estudantes surpreendeu a todos os participantes. Esse trabalho de oficinas ainda é desenvolvido na escola, e foram centenas os estudantes envolvidos no processo, despertando-os para o protagonismo juvenil.

De acordo com um dos mentores do projeto desenvolvido, o que desencadeou a necessidade de a escola e de seus profissionais buscarem alternativas para mudança do cenário escolar foi:

> Tudo começou quando a equipe diretiva começou a dar-se conta de que era preciso encontrar respostas para as situações de conflitos e manifestações de agressividades e de violências que aconteciam no contexto da escola, envolvendo estudantes entre si, com seus professores, e, também, entre os professores e com a equipe diretiva. Tais situações, que colaboravam para a manutenção de um clima pesado e hostil naquele cenário, afetando a vida de todos, constituíram-se em desafio para a nova direção. Logo se percebeu que era preciso desenvolver ações propositivas de resolução de tais problemas, saindo de cima, ou de frente, do muro das lamentações, alimentadoras de insatisfação e conformismo.

Procedimentos envolvidos para a execução da experiência

Diferentes procedimentos foram utilizados para a execução da experiência, entre eles as oficinas. Seguem uma metodologia de trabalho própria, envolvente e participativa, que é desenvolvida em pequenos grupos (de até vinte pessoas), em 20 horas de atividades, sempre assessorados por três facilitadores. Normalmente, acontecem em fins de semana. Para favorecer a participação dos alunos do noturno, a escola passou também a desenvolver as oficinas no decorrer das noites da semana.

No seu conjunto, esse processo contempla uma formação continuada, que se inicia com Oficinas Básicas, desdobra-se em Oficinas Avançadas, Oficinas de Manutenção e Oficinas que preparam Multiplicadores.

As oficinas buscam desenvolver o espírito de comunidade, de grupo, gerando a criação de vínculos e de habilidades que contribuem para a resolução não violenta dos conflitos. Os participantes são envolvidos em exercícios de autoestima, solidariedade e cooperação, na forma de *sociodramas* que buscam a prática de habilidades para uma comunicação não violenta e construção de formas afetivas de convivência. Os resultados têm sido excelentes, despertando para a participação e o protagonismo juvenil na construção de uma escola saudável e prazerosa.

Além das oficinas, outras ações construíram-se na escola, como os acampamentos da paz, das crianças e dos jovens. Os acampamentos foram criados para servirem de meta e culminância do trabalho em cada ano, envolvendo professores, estudantes e pais. Além desses, outros procedimentos foram utilizados para trabalhar temas que demandavam reflexão de crianças e adolescentes. De acordo com uma das professoras envolvidas:

[...] encontros; cursos; debates nas diferentes disciplinas; nas vivências e convivências; apresentações; teatros; cantos; acampamento; dança; e na antiga disciplina de Religião, chamada agora de "Espaço aberto"; gincanas, jogos de integração, celebrações; viagens; manifestações na cidade; estudos em sala; laboratórios.

Cabe destacar, ainda, sobre os procedimentos de avaliação utilizados. Conforme relato de outra professora, "periodicamente se faz avaliações sobre os trabalhos desenvolvidos". Outra professora também comentou "ao fim de cada ano a escola realiza avaliação das atividades, onde todos os participantes podem opinar de forma verbal ou escrita".

Resultados verificados na escola com a realização do projeto

No décimo ano consecutivo de seu desenvolvimento, o projeto "O Bandeirante na construção de uma cultura de paz" tem agregado, articulado e mobilizado os sujeitos da escola, sendo perceptíveis os frutos gerados no decorrer do processo. Os mais significativos são percebidos nas mudanças de comportamento e nas relações interpessoais no interior da escola, resultando na transformação gradativa do ambiente escolar em um espaço ético-afetivo de convivência; na criação de um eixo articulador do empenho coletivo na gestão da cultura da paz como prática pedagógica que busca transversalizar todos os níveis e áreas de conhecimento do currículo escolar; na transformação das aulas de Ensino Religioso em "Espaços Abertos", assumidos por todos os professores, como *locus* e tempo de diálogo, interlocução, aconselhamento, vivência de valores e desenvolvimento de projetos, como a da construção das "normas de convivência"; na criação e desenvolvimento de ações envolvendo a comunidade, sobretudo no tocante às questões ambientais, resolução não violenta de conflitos e direitos humanos; no fortalecimento dos organismos que dão sustentação à Gestão Democrática no interior do educandário, a Equipe Diretiva, o Conselho Escolar, o Círculo de Pais e Mestres (CPM), o Grêmio Estudantil, enfim, corresponsabilidade, solidariedade e cooperação de todos com a escola.

De acordo com relato de uma professora, para garantir o êxito das ações realizadas na escola, a formação continuada "em serviço e voltada para a realidade vivida" foi essencial. Além dessa posição, outra professora avaliou a experiência vivenciada na escola como "[...] de fundamental importância, pois a comunidade escolar reflete sobre suas atitudes e busca posturas mais éticas, melhorando a convivência social, baseada no respeito".

Uma das professoras da escola avaliou positivamente a experiência realizada, pois "as relações tornaram-se mais humanas; afetivas; percebem-se menos reprovações e evasões; fortaleceu a gestão democrática; maior prazer nas aulas educador/aluno; aluno/educador/funcionário/equipe diretiva/pais/comunidade em geral".

Para ser desenvolvido, o projeto precisou contar com importantes apoios, internos e externos; como, por exemplo, a de recursos humanos para a coordenação do projeto no interior da escola. No início e processualmente, o projeto passou a contar com um número considerado adequado de professores para atuar em níveis de mediação (coordenação, articulação, mobilização). Entretanto, nos últimos anos, reduziu-se o número de professores para atuar nos setores estratégicos, como Serviços de Orientação Profissional (SOP) e Serviços de Orientação Educacional (SOE), o que comprometeu e compromete qualquer iniciativa de projetos alternativos.

Algumas considerações sobre o projeto "O Bandeirante na construção de uma cultura de paz"

Da mesma forma como o projeto "Vivendo valores na escola", em Santa Catarina, o projeto "O Bandeirante na construção de uma cultura de paz", no Rio Grande do Sul, pode ser considerado "bem-sucedido" e merece destaque em muitos aspectos; entretanto, gostaríamos de destacar, ao menos, dois deles, a saber:

1. a ação "ousada" e efetiva da escola e de seus profissionais em mobilizar-se, internamente, diante dos dilemas do cotidiano escolar, buscar parcerias com instituições formadoras visando à construção de conhecimentos e alternativas para encaminhar os problemas escolares. Cabe ressaltar a trajetória de construção dos procedimentos adotados, inicialmente, a formação/conscientização do coletivo da escola para depois haver a transposição do que foi aprendido para ações pedagógicas mais apropriadas.

    Por meio de um planejamento participativo de formação e intervenção, toda a escola foi se envolvendo na experiência. Evidenciamos a importância atribuída a esses momentos de encontro e reflexão, na tradução do professor coordenador do projeto

    > [...] Naqueles dias de encontro, esparramados pelo ano letivo, a escola dava-se um tempo de respiração, para encontrar-se consigo mesma, refletir seus problemas e descortinar seus caminhos. As temáticas abordadas, a interlocução com assessores externos, a metodologia empregada, despertavam o poder pessoal e coletivo dos educadores sobre as possibilidades de criação de uma cultura de paz, a começar do cotidiano escolar.

Evidenciamos com o projeto a transformação e a concretização de que a escola deve e pode se constituir uma "comunidade de aprendizagem" (Flecha e Tortajada, 2000). Esse conceito parte de uma concepção de educação integrada, participativa e permanente. Integrada, porque se baseia na ação conjunta de todos os componentes da comunidade educativa, sem nenhum tipo de exclusão. Participativa, porque depende cada vez menos do que ocorre na aula, em casa e na rua. Permanente, porque requer uma formação contínua (Flecha e Tortajada, 2000, p. 34).

A formação permanente da escola e de seus profissionais é essencial. Não podemos deixar de considerar que, quando nos referimos aos valores no ensino, não devemos nos referir apenas aos valores que desejamos transmitir e exigir dos alunos. Mais importantes, a propósito, são os valores que a escola possui, como instituição e comunidade educadora, já que grande parte de sua capacidade (ao menos no que se refere aos valores) dependerá desse aspecto (Zabalza, 2000).

No cotidiano da escola, os professores ocupam papel essencial no processo educacional. Maior parte da responsabilidade no êxito ou no fracasso desse processo reside no modo como o educador o realiza. No campo da formação moral dos alunos, acontece o mesmo. A postura desse profissional quando discute diferentes temas, quando transmite conhecimentos e, principalmente, quando se torna "exemplo de vivência" do conjunto de valores que apregoa, será, sem dúvida, uma das condições essenciais na obtenção do êxito educacional (Trevisol, 2009). Os professores são "interlocutores da educação moral". Entretanto, é importante não deixar de considerar que "os professores, além de serem professores, são também pessoas afetadas e envolvidas nas suas convicções, sensações, aspirações como qualquer outra pessoa que conviva com os conflitos e ambivalências éticas e morais da sociedade contemporânea" (Goergen, 2007, p. 748).

Nesse sentido, as comunidades de aprendizagem, instituídas no contexto escolar, colaboram nos processos de ressignificação de conceitos, representações, atitudes, além da dimensão emocional de seus profissionais.

2. Outro aspecto importante identificado na trajetória do trabalho/ações desenvolvidas na escola é a compreensão da instituição e de seus profissionais de que trabalhar a dimensão da moral e dos valores demanda uma proposta de educação moral transversal. Conforme depoimento de uma professora: "a educação moral ou de valores não deve ser compreendida como uma disciplina a parte, mas como tema gerador e tramado dentro de cada disciplina". Argumento semelhante evidenciamos na posição de outra professora: "Uma proposta de Educação Moral ou Educação para Valores deveria se dar de forma transversal, perpassar todas as disciplinas, pois educar para valores requer um projeto maior, e não uma disciplina isolada".

Novamente, verificamos a necessidade de a escola estar articulada em torno de objetivos claros, assumidos pelo coletivo de seus profissionais, bem como da importância de organizar o currículo, integrando conhecimentos formais e conteúdos éticos e morais em decorrência da necessidade de preparar/formar o aluno para "con-viver" com os outros indivíduos, com a sociedade, usufruir de seus direitos e respeitar seus deveres.

A experiência realizada na escola, em Guaporé (RS) é merecedora de destaque e disseminação em muitas outras instituições. Enfim, pelo relato possibilitado pelos profissionais da escola, ficamos convencidos de que é possível haver mudanças no contexto problemático de muitas escolas; entretanto, há necessidade de bons líderes, que valorizem o diálogo entre seus pares, idealizadores de novos sentidos e estrutura para a escola e, por que não dizer, utópicos em seus desejos e sonhos.

Os projetos "Escola da Paz", "Horta Comunitária", "Bairro Limpo" e "Fazendo Cinema na Escola"

Os projetos que relataremos, a seguir, ocorreram em uma escola estadual em Barra do Piraí no Rio de Janeiro e a 79 quilômetros da capital.[6] A escola fica localizada na periferia do município, em uma região muito pobre, e suas instalações são também muito modestas; há pouco espaço para salas da administração e de aulas e o

---

[6] Tal como nos relatos anteriores, preferimos não identificar a escola e os nomes dos relatores e entrevistados. No entanto, esta e outras experiências consideradas como bem-sucedidas de Educação Moral podem ser lidas, na íntegra no *site* da pesquisa: <http://www4.fct.unesp.br/projetos/educacaomoral/>.

pátio para os alunos é pequeno, embora tenha uma quadra de esportes. Essa instituição foi criada em 1973 e tem, hoje, um total de 450 alunos e quarenta funcionários, sendo vinte professores em efetiva regência de classe. Dois desses professores têm duas matrículas. A escola oferece o Ensino Fundamental do 1º ao 9º ano e, recentemente, passou de "escola" a "colégio" e, com isso, obteve autorização para ampliar os cursos e oferecer, em 2011, o Ensino Médio Regular.

No projeto pedagógico da escola, pode-se ler que Barra do Piraí é

> [...] uma comunidade extremamente carente, com problemas de infraestrutura, onde ainda temos grande parte do bairro sem rede de esgoto adequada, com dificuldade para receber água devidamente tratada e pontos pouco iluminados ou sem nenhuma iluminação. A população local sofre com o desemprego, o alcoolismo, o envolvimento com drogas, a falta de opções de lazer, a violência familiar e a falta de creches... Com relação à habitação, temos grande índice das famílias pagando aluguel e/ou vivem em submoradias. Temos ainda famílias que moram na rua... e que vivem constantemente ameaçadas de enchentes. O grau de escolaridade que prevalece é o Ensino Fundamental, muitas vezes incompleto, sendo que ainda temos casos de adultos analfabetos. Aqueles que conseguem algum tipo de ocupação trabalham em serviços braçais, informais, comércio e indústria.

Quem nos relatou os projetos foi uma professora do 3º ano do 1º ciclo do Ensino Fundamental e que era coordenadora pedagógica da escola quando estes foram implantados.

A professora nos contou que o projeto "Escolas da Paz" aconteceu em virtude de uma parceria da escola com a Secretaria de Educação do Rio de Janeiro, a Unesco e os membros da comunidade, buscando-se abrir a escola nos fins de semana para oferecer oficinas, atividades esportivas e alimentação para jovens. A finalidade maior do projeto foi possibilitar aos jovens uma formação para a não violência, pois a violência nos arredores da escola era muito grande, assim como afirma a professora:

> a violência era muito grande, muita briga, confusão todos os dias entre os alunos. Muita confusão com professor, brigas e agressões aos professores. Houve até agressão física contra uma professora e, meses depois, o aluno que agrediu estava envolvido em uma morte.

O projeto "Escolas da Paz"

Embora a escola tenha realizado outros projetos como a "Horta Comunitária" e o "Bairro Limpo", constatamos, em nossa visita, que o trabalho de maior destaque, que produziu efeitos mais marcantes e que continua acontecendo ano a ano é o projeto "Escolas da Paz".

Conforme a relatora, o que levou a escola a aceitar o projeto "Escolas da Paz", proposto pelo governo estadual do período (2001 e 2002), foi a análise dela, como coordenadora na época, da diretoria da escola e de outros professores, de que estavam caminhando a passos largos para uma situação de grande violência na escola e em suas proximidades.

Outras medidas haviam sido buscadas anteriormente, como uma parceria com a Polícia Militar para ter policiamento 24 horas dentro da escola, e rondas periódicas no entorno dela.

O projeto "Escolas da Paz" tem como principal estratégia abrir a escola para alunos (até 14 anos) e comunidade (jovens até 18 anos), oferecendo oficinas de dança, artesanato, vídeos, pintura e esportes. Complementando tudo isso, o programa ainda oferece alimentação (lanche e almoço). Como a instituição é localizada na periferia urbana, para a realização do projeto a escola, trabalha em parceria com outras duas grandes escolas centrais do município.

Em nossa visita à escola, a relatora nos disse que o programa não acontece mais com o nome original "Escolas da Paz" nem como parceria ou iniciativa da Secretaria da Educação, mas permanece agora como hábito da escola: "[...] uma vez abertas as portas da escola, não foi mais necessário fechá-las. Como se pode ver, o programa não continua com o mesmo nome, mas a escola incorporou a seu calendário atividades que antes eram comuns apenas ao programa".

Atualmente, a escola cede espaço para diferentes iniciativas, em parceria com outras instituições que oferecem atividades diferentes para escola e comunidade, todas gratuitas. As atividades são:

- Aulas de karatê – duas vezes por semana, sendo o professor um ex-oficineiro do programa "Escolas da Paz".
- Aulas de capoeira – duas vezes por semana.
- "Atividade" – duas vezes por semana, em parceria com a prefeitura local, na qual se atende à população da terceira idade.
- Futsal – nos fins de semana eventualmente a escola cede o espaço para a comunidade.

- Festival de Cinema – em parceria com a prefeitura local, um grupo de alunos participou de uma formação que durou seis meses (em 2009) e que culminou na produção de um filme para o I Festival Estudantil de Cinema local.
- Artes – em 2010, em parceria com uma universidade local, um grupo de alunos participou durante todo o ano letivo de uma formação específica em artes plásticas.

Para o semestre seguinte, a relatora mencionou que estavam previstas, também, as atividades:

- Projeto Suderj 2010 – proposto pela Câmara dos Deputados, no qual professores de Educação Física atendem alunos e comunidade quatro vezes por semana com atividades esportivas para crianças, jovens e terceira idade.
- Mais Educação (MEC) – que deverá ampliar em 3 horas a carga horária dos alunos do 6º ao 9º ano de escolaridade, oferecendo alimentação e atividades de: teatro, dança, esportes, produção de texto e elaboração de vídeos (laboratório de informática).
- Festival de Cinema – nova formação visando participação no II Festival de Estudantil de Cinema local.

Poderiam ocorrer, ainda, outras atividades complementares, como a realização, duas vezes por ano, de Ações Sociais de Saúde, Educação e Cultura em benefício da comunidade (em uma parceria com o Clube Rotary local, posto de saúde da família, igrejas, comunidade e universidades locais).

É importante destacarmos, como faz a relatora, que essas atividades envolvem tanto alunos da escola como seus familiares e outras pessoas da comunidade.

Projetos "Horta Comunitária" e "Bairro Limpo"

Além desse projeto voltado à educação para a não violência, desde 2001, a escola participa de outros projetos como o "Horta Comunitária" e o "Bairro Limpo".

O projeto "Horta Comunitária" aconteceu em parceria com o 10º Batalhão de Polícia Militar do Rio de Janeiro e seu objetivo foi o de tornar produtiva uma área anteriormente desocupada e produzir alimentos de qualidade em benefício da comunidade. Quando iniciou, os alunos iam até a horta, participavam na sua conservação, e a comunidade tinha cursos direcionados a esse trabalho. O trabalho contou com o apoio do Núcleo de Desenvolvimento Comunitário do bairro ao redor da escola. Atualmente, o projeto ainda está atuante, mas não há mais uma participação tão efetiva da escola; as mesmas pessoas da comunidade ainda participam e tudo que lá é produzido é vendido uma vez por semana na escola (que apenas cede o espaço) e o dinheiro é revertido em benefícios para algumas famílias mais carentes e na manutenção da comunidade.

No projeto "Bairro Limpo", a escola fez parceria com a associação de bairro da comunidade e buscou a construção de uma consciência em educação ambiental a partir da reciclagem de alguns materiais. A ideia original do projeto era educar para a coleta seletiva de lixo, e a comunidade aproveitaria esses materiais: coletando, transformando e gerando uma fonte alternativa de renda. O lixo orgânico recolhido, como cascas e restos de alimentos, era aproveitado na criação de animais, na comunidade. Mas, de acordo com a relatora, o município ainda não oferece uma estrutura para a coleta seletiva de lixo, e não existem empresas interessadas no assunto na região; o que limitou as iniciativas do projeto.

A escola é posto de coleta de pilhas e baterias em parceria com uma escola particular local, e realiza campanhas periódicas relacionadas à dengue; o que passa pela limpeza e conservação do bairro com a contribuição dos alunos.

O projeto "Fazendo Cinema na Escola"

Uma das atividades que destacamos como muito interessante nessa escola foi a voltada à elaboração de um filme por alunos para o I Festival de Cinema local – em parceria com a prefeitura – e que passou a acontecer recentemente na cidade.

A prefeitura de Barra do Piraí, em sua Secretaria Municipal de Trabalho, Turismo e Lazer, tem como projeto cultural desenvolver o cinema na região. Assim, de dois anos para cá vem incentivando as escolas a participar da produção de filmes.

A relatora dos projetos e a direção da escola se interessaram muito por esse projeto de cinema e conseguiram um monitor, voluntário da Secretaria Municipal, que ofereceu um curso de direção em cinema durante seis meses, ministrado para 25 alunos do 6º ao 9º ano do Ensino Fundamental. Foi organizado um movimento na escola para ver quais alunos se envolveriam e que roteiros apresentariam para um eventual filme. Após algumas ofertas, selecionaram um roteiro de uma aluna do 8º ano do Ensino Fundamental que contava a história de um negro, muito sábio e culto, que gostava muito de estudar, mas que sofria as agruras da escravidão e, em razão delas, acaba enlouquecendo. De acordo com a coordenadora, "a história da (nome da aluna) venceu, mas todos colaboraram com ideias. Foi uma produção coletiva". Segundo a aluna "era um assunto polêmico, e gostaríamos de trazer o assunto de volta para acabar de vez com a escravidão".

O filme e seu roteiro venceram o I Festival de Cinema da cidade.

Na visita, pudemos conversar com os alunos participantes desse projeto e notamos que esse grupo não foi constituído pelos melhores estudantes; ao contrário, alguns deles apresentavam, antes do projeto, diversos problemas de indisciplina e de fracasso escolar. Para nós, foi gratificante notar que, graças a essa atividade, muito bem-sucedida, esses alunos passaram a gostar mais da escola, a melhorar a visão que tinham de si mesmos e a interessar-se mais por sua aprendizagem e seu futuro. Alguns alunos mencionaram continuar sua formação em mídias no "Centro de Vocação Tecnológica" que oferece cursos nessa área. "Achei muito interessante fazer o filme, foi importante fazer o curso, pois podemos virar alguém na vida, virar um ator."

Principais resultados dos quatro projetos e formas de avaliações

De acordo com a professora relatora, as experiências em todos esses projetos de escola aberta à comunidade foram bem-sucedidas: "a partir do momento que são ações que vêm acontecendo ao longo dos últimos anos, demonstrando, a cada ano, mudança de comportamento e melhoria na qualidade de vida da comunidade". A professora afirma que a relação aluno–aluno, aluno–professor, professor–professor, escola–comunidade tem-se mostrado muito boa.

> Embora nem todos possam participar mais ativamente, somos uma comunidade escolar com baixo índice de indisciplina e violência... Acompanhando detalhes das ações desenvolvidas, vejo o resgate da autoestima; (e isso devido) a uma escola mais aberta, atendendo às necessidades da comunidade e servindo a ela de referência.

De fato, em depoimentos de alunos, notamos uma forte adesão às iniciativas da escola e certos reflexos do desenvolvimento de uma autoestima promovidos pela participação em atividades do projeto.

> Mudei meu comportamento, era muito bagunceiro na escola. Hoje sou uma pessoa boa e honesta [...] penso em ser ator.

Quando perguntamos à relatora qual formação ela e a escola tiveram para a realização do projeto Escolas da Paz, ela nos contou que receberam uma formação no "Curso em Educação e Valores" da Secretaria de Educação e da Unesco. O curso foi elaborado pela Associação Palas Athena (São Paulo) e as escolas interessadas eram convocadas. A professora nos contou que os professores escolhidos para fazer o curso passaram alguns dias planejando atividades relacionadas aos seis pontos principais do "Manifesto 2000" por uma cultura de paz e não violência:

- Respeitar a vida.
- Rejeitar a violência.
- Ser generoso.
- Ouvir para compreender.
- Preservar o planeta.
- Redescobrir a solidariedade.

Esses pontos foram abordados por meio da apostila "Paz, como se faz? Semeando cultura de paz nas escolas" (Diskin, 2002).

Limites, possibilidades e dificuldades dos projetos

Ao perguntarmos à relatora, como coordenadora dos projetos, em que eles mais incluem educação em valores e que dificuldades mais estiveram presentes, ela nos respondeu:

> No mundo em que vivemos, a educação moral ou em valores é uma questão de postura; na maioria das vezes, o profissional de educação já está voltado para a realização desse tipo de trabalho, outros precisam ser trabalhados para isso. A escola hoje tem a estrutura de uma empresa; as questões administrativas são bastante complicadas e tomam quase todo o tempo de todos e nos faltam recursos humanos na área pedagógica. Eu coordeno sozinha uma escola com 17 turmas; uma infinidade de projetos nos é oferecida; alguns deles são obrigatórios. Com uma carga horária de 25 horas semanais, não consigo atender a escola da maneira como gostaria. Mas a equipe de direção da escola acredita em uma proposta voltada para educação moral e resgate de valores. A boa relação entre funcionários, professores e alunos é estimulada a todo tempo. O atendimento aos problemas pessoais de todos é sempre priorizado; procuro levar informações que despertem reflexões em conselhos de classe, reuniões de pais e professores. Trabalhamos no sentido de fazer ver ao aluno que é necessário o respeito às regras de boa convivência, ao respeito pelo professor e a importância da família. Com isso acreditamos estar valorizando o essencial. Os professores mais antigos na escola já abordam naturalmente essas questões em suas aulas e os novos estão sendo conduzidos a esse propósito. Temos ainda problemas como alto índice de reprovação em algumas séries críticas, mas estamos sempre diagnosticando e discutindo em busca de soluções, mas a relação entre as pessoas com certeza é melhor do que era há 10 anos.

Nessas palavras, podemos ver as dificuldades que mais se destacam: as urgências das ações, a insuficiência do tempo para trabalhar, os projetos que seriam interessantes e necessários, obrigatórios ou não; o preparo necessário e a adesão de todos os professores para a educação em valores; a necessária atenção ao fracasso escolar.

No entanto, notamos também, nos depoimentos dessa professora, antes coordenadora dos projetos, e nas descrições deles, algumas formas de vencer as dificuldades mais prementes: o trabalho coletivo na escola; o cuidado com a manutenção de relacionamentos bons e respeitosos na escola; o apoio da direção aos projetos e iniciativas em educação em valores; as frequentes e fortes parcerias da escola com outras instituições e a comunidade; e, finalmente, uma forte crença na necessidade e relevância dessa educação em valores.

Como uma *síntese* desse projeto, apresentamos algumas ideias que destacam por que ele pode ser considerado um projeto bem-sucedido.

1. Um problema genuíno. O projeto parte de um problema real, reconhecido tanto por professores e diretoria da escola como pelos alunos: a violência na escola e em seu entorno.
2. A busca de parcerias. A escola busca, todo o tempo, parcerias para se informar e se tornar mais equipada em seus projetos.
3. Parcerias com quem pode ajudar. Essas parcerias se dão entre pessoas e instituições que "fazem a diferença", isto é, com a comunidade externa à escola, incluindo pais de alunos e membros representantes da comunidade, outras escolas, outras instituições e ONGs.
4. Formação continuada de professores e agentes escolares. As discussões coletivas para o preparo dos projetos, a participação em cursos sobre Educação em Valores e a exposição dos resultados dos projetos à comunidade externa possibilitam aos professores dessa escola uma formação continuada, retroalimentada pelas próprias iniciativas e suas avaliações.
5. Iniciativas que valorizam a escola perante a comunidade. As iniciativas desses projetos, como a horta comunitária, os programas à comunidade na escola e o cinema, abrem a escola à comunidade, mostrando quanto ela pode contribuir para a melhoria da qualidade de vida dos alunos e de suas famílias.
6. As ações dos projetos são atraentes e chamam os alunos à participação. A variedade de ações e de meios para realizá-las são atraentes aos olhos dos alunos e com isso a participação voluntária deles é facilmente obtida. Destaca-se o projeto sobre cinema que despertou grande entusiasmo.
7. Valores são desenvolvidos; entre eles a autoestima. Os projetos dessa escola visam, de fato, o desenvolvimento de valores morais considerados importantes, não somente pela escola, como pelos alunos; entre eles, os mais aparentes são: o respeito ao ambiente, o respeito às pessoas e às suas necessidades, a solida-

riedade, e o respeito por si mesmo, já que a participação nos projetos de alunos antes vistos como "maus alunos" possibilita a eles a chance de uma reconstrução de seu autoconceito e de renovação de um orgulho de si.

Considerações finais

Os projetos de Educação Moral ou de Educação em Valores que foram desenvolvidos em diferentes municípios e Estados constituem experiências importantes e que merecem destaque. Consideramos importante enfatizar o papel que os profissionais que participaram das experiências assumiram durante a realização, mobilizaram-se diante de determinadas situações, reuniram-se, capacitaram-se, e vivenciaram as atividades antes de transpô-las para seus alunos. Cada uma das ações desenvolvidas na escola esteve intimamente relacionada com os objetivos educacionais estabelecidos no Projeto Político-Pedagógico da escola. Esse documento, quando construído coletivamente pelos profissionais que atuam na escola, é norteador das ações e atividades desenvolvidas na escola.

Cabe ressaltar a importância da "formação permanente" de todos os profissionais que compõem o contexto escolar visando o alcance dos objetivos com uma proposta de Educação Moral. De acordo com Imbernón (2009, p. 26)

> A formação permanente do professorado requer um clima de colaboração e sem grandes reticências ou resistências entre o professorado (não muda quem não quiser mudar, ou não se questiona o que faz aquele que pensa que está muito bem), uma organização minimamente estável nos centros (respeito, liderança democrática, participação de todos os membros etc.) que dê apoio à formação e uma aceitação que existe uma contextualização e diversidade entre o professorado e que isso leva a maneiras de pensar e agir diferentes. Tudo isso contribui para conseguir uma melhoria na aceitação de mudanças e de inovação das práticas.

Em consonância com esse aspecto, a importância atribuída aos processos desenvolvidos com os profissionais de trabalho em equipe, de pesquisa-ação, de exercício de ação-reflexão da prática cotidiana, da verificação dos êxitos e da necessidade de mudança em relação aos procedimentos adotados. É necessário que todos os membros da equipe conservem uma atitude positiva em relação a esses processos. Ao contrário do que se verifica em muitas instituições em que os professores estão habituados a participar de palestras, cursos e seminários, consideramos importante reiterar o papel das atividades periódicas de estudo e capacitação em grupo com os profissionais na escola. É necessário "dar a palavra aos protagonistas da ação" (Imbernón, 2009) para que dialoguem sobre seu cotidiano, as situações problemáticas educativas e, dessa forma, favoreça os processos de "ação-reflexão-ação", a troca de experiências, o planejamento das intervenções.

Ainda é oportuno mencionar sobre a necessidade de formação de professores para atuar com a dimensão da moral. Para atuar nessa dimensão, a formação recebida nos cursos de formação de professores precisa colaborar e respaldar a atuação do professor. É emergente que esses cursos tratem de conteúdos e tragam problemas do cotidiano escolar para serem discutidos em sala de aula; colocar os futuros professores no lugar e papel de interventores de determinada situação, o que fariam diante do caso apresentado. Estratégias dessa natureza podem ajudar os professores (graduandos) que não possuem experiência a compor o quadro de realidade que estarão se inserindo e, para os que já atuam, a oportunidade de ressignificação de seus princípios e atuação correspondente em relação ao desenvolvimento moral.

O embasamento teórico é fundamental para subsidiar a postura e as práticas pedagógicas desses profissionais. Além disso, essa fundamentação teórica leva o profissional à reflexão sobre as decisões a tomar, sobre o conhecimento a respeito do desenvolvimento moral e intelectual dos alunos, de como eles aprendem: aumentando as condições de favorecimento desse processo tão importante e difícil da educação. Ainda, leva à aquisição do bom-senso e da percepção do quanto ainda se faz necessário caminhar em relação à autonomia moral (e intelectual) dos alunos (Gressana, 2007).

É necessário que os cursos de formação favoreçam bons mediadores para colaborar no processo particular de conhecimentos dos futuros professores no que se refere ao desenvolvimento moral. Isso deve se dar por meio de sua matriz curricular, dos conteúdos a serem ministrados nas diferentes disciplinas, nas atividades propostas e na junção entre a teoria e a prática.

De acordo com Araújo, Puig e Arantes (2007), educar em valores precisa ser um valor central para o professor, no qual ele projeta sentimentos positivos em sua prática. Entretanto, esse valor depende do nível de desenvolvimento moral e cognitivo do próprio professor.

O caminho é árduo, mas podemos afirmar que a Educação Moral, a Educação em Valores, é possível se embasada teoricamente, aplicando práticas e procedimentos coerentes com a teoria. Favorecer a construção de indivíduos com valores universais exige esforço, vontade e muita dedicação, entretanto o resultado é gratificante não somente para o profissional que participa desse processo, como também para a sociedade que recebe esses cidadãos. Formar indivíduos melhores e com valores é o que busca a Educação Moral.

Referências bibliográficas

AQUINO, J. G.; ARAÚJO, U. F. (Orgs.). Em foco: ética e educação. *Educação e Pesquisa*, São Paulo, v. 26, n. 2, p. 53-53, jul./dez. 2000.
ARAÚJO, U. F. Escola, democracia e a construção de personalidades morais. *Educação e Pesquisa*, São Paulo, v. 26, n. 2, p. 91-107, jul./dez. 2000.
ARAÚJO, U. F.; PUIG, J. M.; ARANTES, V. A. (Orgs.). *Educação e valores*: pontos e contrapontos. São Paulo: Summus, 2007. (Coleção Pontos e Contrapontos)
ARAÚJO, U. F.; AQUINO, J. G. *Direitos humanos em sala de aula*. São Paulo: Moderna, 2001. 160 p.
_____. The Ethics and Citizenship Program: a Brazilian experience in moral education. *Journal of Moral Education*, v. 38, n. 4, p. 489-511, 2009.
ARISTÓTELES. *Ética a Nicômaco*. Rio de Janeiro: Nova Cultural, 2000. (Coleção Os Pensadores).
BRASIL, SECRETARIA DE EDUCAÇÃO FUNDAMENTAL. *Parâmetros Curriculares Nacionais*; terceiro e quarto ciclo: apresentação dos temas transversais. Brasília: MEC/SEF, 1997.
CAMINO, C.; PAZ, M.; LUNA, V. Valores morais no âmbito escolar: uma revisão dos valores apresentados nos livros didáticos e por professores, de 1970 a 2006. In: LA TAILLE, Y.; MENIN, M. S. M. (Orgs.). *Crise de valores ou valores em crise?* Porto Alegre: Artmed, 2009. p. 130-151.
CARVALHO, J. S. Podem a ética e a cidadania ser ensinadas? *Pro-posições: Revista da Faculdade de Educação*, Campinas, v. 13, n. 3, p. 157-168, 2002.
CARVALHO, J. S. et al. Formação de professores e educação em direitos humanos e cidadania: dos conceitos às ações. *Educação e Pesquisa*, São Paulo, v. 30, n. 3, p. 435 - 445, set./dez. 2004.
CORTELLA, M. S.; LA TAILLE, Y. de. *Nos labirintos da moral*. 2. ed. Campinas: Papirus, 2005.
DISKIN, L. *Paz, como se faz?* Semeando cultura de paz nas escolas. Rio de Janeiro: Governo do Estado do Rio de Janeiro, Unesco, Associação Palas Athena, 2002. 95 p. Disponível em: <http://www.palasathena.org.br/files/pazcomosefaz.pdf>. Acesso em: 1º mar. 2011.
FLECHA, R.; TORTAJADA, I. Desafios e saídas educativas na entrada do século. In: IMBERNÓN, F. (Org.) *A educação no século XXI*: os desafios do futuro imediato. Porto Alegre: Artmed, 2000. p. 21-36.
FREIRE, P. *Pedagogia da autonomia*: saberes necessários à prática educativa. 2. ed. São Paulo: Paz e Terra, 1996.

GOERGEN, P. Educação moral hoje: cenários, perspectivas e perplexidades. *Educação e Sociedade*, Campinas, v. 28, n. 100 (n. esp.), p. 737-762, out. 2007.

GRESSANA, A. *A compreensão dos graduandos do curso de pedagogia sobre sua atuação no desenvolvimento moral*. 2007. Dissertação (Mestrado em Educação) – Unoesc, Joaçaba, 2007.

IMBERNÓN, F. *Formação permanente do professorado:* novas tendências. São Paulo: Cortez, 2009.

KOLHBERG, L. *Psicologia del desarrollo moral*. Bilbao: Editorial Desdée de Brouwer, 1992.

KOLHBERG , L.; POWER, F. C; HIGGINS, A. *La educación moral segun Lawrence Kohlberg*. Barcelona: Editorial Gedisa, 1997.

LIMA, A. P. *O uso da religião como estratégia de Educação Moral em escolas públicas e particulares de Presidente Prudente*. Presidente Prudente, 2008, 140 f. Dissertação (Mestrado em Educação) – Faculdade de Ciências e Tecnologia, Unesp.

MARTINS, R. A.; SILVA, I. A. Valores morais do ponto de vista de professores do Ensino Fundamental e Médio. In: LA TAILLE, Y; MENIN, M. S. M. (Orgs.). *Crise de valores ou valores em crise?* Porto Alegre: Artmed, 2009. p. 185-198.

MENIN, M. S. S. Valores na escola. *Educação e Pesquisa*, v. 28, n. 1, p. 91-100, 2002.

PIAGET, J. *O julgamento moral na criança*. São Paulo: Mestre Jou, 1977. (Original publicado em 1932).

_____. Os procedimentos de Educação Moral. In: MACEDO, L. (Org.). *Cinco estudos de educação moral*. São Paulo: Casa do Psicólogo, 1996. p. 1-36. (Original publicado em 1930).

SAVATER, F. *Ética para meu filho*. São Paulo: Martins Fontes, 2004.

SHIMIZU, A. M. *As representações sociais de moral de professores das quatro primeiras séries do ensino de 1º grau*. Marília, 1998. Dissertação (Mestrado em Educação) – Faculdade de Ciências e Filosofia, Unesp.

TREVISOL, M. T. C. Tecendo os sentidos atribuídos por professores do Ensino Fundamental ao Médio profissionalizante sobre a construção de valores na escola. In: LA TAILLE, Y; MENIN, M. S. M. (Orgs.). *Crise de valores ou valores em crise?* Porto Alegre: Artmed, 2009. p. 151-184.

TOGNETTA, L. R. P.; VINHA, T. P. *Quando a escola é democrática*: um olhar sobre a prática das regras e assembleias na escola. Campinas: Mercado de Letras, 2007.

ZABALZA, M. Como educar em valores na escola. *Revista Pátio*, Porto Alegre, ano 4, n. 13, jan./jul. 2000.

O *bullying* e outras formas de violência na escola

Denise D'Aurea-Tardeli   Maria Isabel da Silva Leme

> Quando vês um homem bom trata de imitá-lo.
> Quando vês um homem mau, examina-te a ti mesmo.
> Confúcio

As pessoas recorrem, em várias ocasiões, à violência e à agressão para dominar os outros ou para resolver os conflitos. Pesquisas recentes em escolas situadas em cidades no interior de São Paulo (Francisco e Libório, 2009), geograficamente diferentes, apontam as ameaças físicas e os insultos e provocações como frequentes entre alunos do 6º ao 9º ano do Ensino Fundamental. É cair no lugar-comum, afirmar que as condutas violentas e agressivas não são uma estratégia adequada para a convivência nem para a boa gestão dos conflitos interpessoais, mas, pela sua recorrência, já estão sendo consideradas atitudes banais, tanto que mais de um quarto dos alunos das pesquisas mencionadas anteriormente não se importaram com a agressão sofrida, índice maior do que a quantidade de alunos que tomaram atitudes de defesa ou de denúncia dos atos violentos. Sabemos também que os conflitos nunca deixarão de existir, porém podem e devem ser amenizados para a boa convivência, com intervenções dos professores e maior atenção da gestão escolar, como os próprios alunos envolvidos nas pesquisas sugerem.

A sociedade atual parece sensibilizada com algumas de suas manifestações de violência, como a violência entre a população jovem ou a violência de credo e religião. A violência que se estende às ruas, onde adquire as formas mais variadas de manifestação como o consumo excessivo de álcool; a delinquência comum, sobretudo relacionada ao tráfico de drogas e a obtenção ilícita de recursos para consegui-la; a violência de gênero, que inclui tanto agressões sexuais como crimes passionais; a violência xenófoba e tribal (tribos urbanas, algumas formadas por jovens de etnias ou de países geradores de imigrantes); a violência política, como é o caso de terrorismo. Na realidade, são muitas formas de manifestação que possuem um denominador comum: a violência.

Nas últimas décadas, os meios de comunicação têm destacado demasiadamente as notícias relacionadas à violência na adolescência e, especificamente, aquela que é produzida no âmbito escolar ou derivada dela. Ainda que a violência entre iguais não seja exclusiva do contexto escolar e mesmo que os alunos confirmem que costumam ver essas condutas prioritariamente nos intervalos de aulas, neste texto, pretendemos refletir sobre essas questões e, para tal, vamos delimitar os conceitos e a incidência dessas condutas de violência e depois trataremos de refletir sobre as causas e circunstâncias que as provocam e, desse modo, sugerir alguns encaminhamentos.

Aspectos conceituais

De uma forma mais coloquial, o conceito de violência é utilizado comumente como sinônimo de agressividade; porém, em um nível mais teórico, ainda que não haja um consenso entre autores, costuma-se relacionar o termo agressividade a tendências impulsivas derivadas de um sentimento de frustração ou insatisfação.

Na origem das condutas agressivas existe um conflito que, de acordo com Puig (1998), é um processo interativo que se constrói reciprocamente entre duas ou mais partes na qual predominam as interações antagônicas sobre as competitivas. Assim, o conflito é um processo que se origina em uma diferença de objetivos e a conduta agressiva é uma forma de resolver essa diferença de interesses. "A complexidade da natureza humana e dos desejos que convivem com as próprias limitações são fonte constante de conflitos" (Puig, 1998, p. 28).

Precisamos refletir um pouco: o que é que nos faz humanos? Não somos humanos por nosso isolamento, mas, ao contrário, por nossa rede de interações. A história individual de cada um de nós se entrelaça com as vidas de outros seres humanos com os quais compartilhamos o futuro da existência. Temos uma tendência relacional, ou seja, construímo-nos a partir do contato com os demais. Estamos sujeitos a essa relação permanente, pois ela é limite e condição da existência.

A violência aparece então como uma das maneiras de vínculo que as pessoas estabelecem umas com as outras. É um fenômeno complexo e multifacetado que supõe, ao menos, dois sujeitos relacionados. Manifesta-se através da interação de suas condutas, na qual um ou ambos exercem uma força sobre o outro, especificada pela intenção do efeito que tendem a produzir e pela consideração desse efeito produzido como agressivo (Ortega e Mora-Merchán, 1997).

A violência interpessoal vai além dos limites naturais que se estabelecem em um possível conflito. Para Ortega (1994), o conflito é a situação na qual duas pessoas ou grupos têm uma confluência de interesses e, quando sua resolução se dá por meios agressivos, os conflitos provocam um desequilíbrio ou abuso de poder e a destruição das regras éticas do comportamento social, e um dos sujeitos enfrentados poderá adotar força física, psicológica ou social, deixando o outro em situação indefensável, muitas vezes. A diferença está no abuso do poder, na destruição das regras morais e no desrespeito aos legítimos direitos da vítima.

Essa interpretação do fenômeno da violência, acentuando seus elementos sociais, psicológicos e morais, não permite confundir o conflito com a agressividade injustificada. Primeiro, para manifestar a violência não é necessário que exista um conflito prévio entre as partes e, em segunda instância, a violência frequentemente é unidirecional e produz uma relação desequilibrada entre as partes, porque as forças são desiguais entre o autor e a vítima, a favor do autor. Geralmente, no caso do *bullying*, o que se constata é um grupo contra uma vítima isolada ou um agressor mais forte respaldado por um grupo de espectadores que "aplaudem" a ação. Além disso, é uma manifestação com intencionalidade de causar algum dano à vítima na ausência de uma regulação normativa da interação. Vale observar que o conflito interpessoal envolve mais frequentemente duas pessoas em oposição, que também podem se valer da violência para resolver a situação.

Ortega e Mora-Mérchan (2000) definem a violência interpessoal como o exercício agressivo físico, psicológico, social ou verbal mediante o qual uma pessoa ou grupo de pessoas atua ou estimula a atuação de outros, contra outra pessoa ou grupo, valendo-se de vantagens sociais que proporcionam uma situação física, psicológica ou social. De acordo com La Taille (2009), a concepção de violência vem sempre associada à coação entendida como o uso da força. "A violência, portanto, implica a dimensão do poder (entendidos como correlação de forças) e a privação, momentânea ou perene, do exercício da liberdade por parte da pessoa violentada" (p. 330).

A violência interpessoal ou intergrupal nas palavras dos autores anteriormente citados pode ocorrer em qualquer contexto interativo no qual haja pessoas. Dessa forma, os ambientes familiares, escolares, trabalhistas, lúdicos, esportivos ou institucionais tornam-se marcos psicossociais, nos quais essas condutas podem surgir, e os autores e alvos desse tipo de atitude podem ser de qualquer idade ou gênero. Há certas peculiaridades nas manifestações agressivas, tanto que diferentes denominações surgiram para distinguir e especificar as distintas formas de violência. A literatura científica tem apontado os termos *mobbing* e *bullying* ora como sinônimos, ora não. Conforme Leymann (apud Halsdorfer, 2008), a palavra *mobbing* deriva do inglês de *mob* cujo significado seria assediar, intimidar: um grupo inflamado assedia uma pessoa sozinha de forma amistosa ou hostil. O verbo *to mob* descreve a ação do sujeito de rodear alguém para atacar ou para fazer alguma brincadeira. A origem da palavra descreve, portanto, uma ação coletiva diante de alguém sozinho e, curiosamente, nem sempre de modo negativo, e tem sido ultimamente empregada no âmbito do mundo do trabalho.

Quando o *mobbing* é manifestado negativamente, com hostilidade e/ou desprezo, assemelha-se ao *bullying* que, neste texto, será nosso foco, pois tem sido evidenciado como uma das formas de violência que mais têm repercutido atualmente entre os sujeitos em idade escolar. Trata-se de um anglicanismo que poderíamos traduzir como intimidação, assédio moral ou maltrato – *bully* significa "valentão" e *to bully* significa intimidar com gritos e ameaças ou maltratar os mais frágeis. Alguns autores como C. M. Puig (2006) entendem que o *bullying* se refere somente ao maltrato físico e que este constitui apenas uma parte do todo das condutas de hostilidades e assédios que sofrem os alunos, por isso há em alguns trabalhos científicos a preferência no uso do termo *mobbing*, normalmente reservado para o assédio no trabalho.

O *bullying* é um assédio que geralmente ocorre no ambiente escolar entre pares. É definido como um continuado e deliberado maltrato verbal e atitudinal que uma criança sofre por parte de outras, que se comportam de modo cruel com ela com o objetivo de ameaçá-la, assustá-la e atentar contra sua dignidade. Já o *mobbing* não ocorre entre iguais, mas, sim, a vítima ocupa uma posição de inferioridade, hierárquica ou pessoal, em relação ao agressor. É uma relação sempre assimétrica.

Díaz-Aguado (2002) considera o *bullying* como uma forma de violência entre iguais que tem as seguintes características:

- Inclui condutas de diversas naturezas como: ameaças, intimidações, brincadeiras, agressões físicas, isolamento sistemático, insultos.
- Origina problemas que se repetem e prolongam durante certo tempo.

- Supõe um abuso de poder, quando um aluno é provocado por outro apoiado geralmente por um grupo; este aluno se torna uma vítima indefesa e que não pode por si mesma sair dessa situação.
- Passividade das pessoas que estão ao redor dos agressores e das vítimas que não intervêm diretamente.

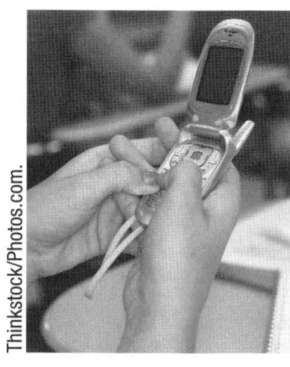

O *bullying* pode ser direto, físico ou verbal, ou com expressões gestuais não verbais. E também pode ser indireto ou relacional, mediante a exclusão social ou a disseminação de boatos maldosos contra a vítima. Ultimamente, derivada dessa segunda possibilidade, há o *cyberbullying* que se refere à hostilização que se dá no anonimato pela internet, usando blogs, correio eletrônico, *chats* ou telefones celulares, com o envio de mensagens intimidadoras ou insultantes.

Ortega e Mora-Méchan (2000) trazem uma definição que explica bem o fenômeno: é uma situação social em que um ou vários alunos tomam como objeto de sua atuação injustamente agressiva outro colega e o submetem, por tempo prolongado, a agressões físicas, chacotas, atitudes hostis, ameaças, isolamento social ou exclusão social, aproveitando-se de sua insegurança, medo ou dificuldades pessoais para pedir ajuda ou defender-se. De acordo com Tognetta e Vinha (2008):

> [...] Não é o contexto que determina tais condutas agressivas, assim como não é a genética a grande vilã dessa história, e sim como esses meninos e meninas se veem diante desse meio e constroem suas personalidades integrando tudo aquilo que foram valorizando durante suas vidas, podendo, assim, tornarem-se resilientes. (p. 10)

Vários autores que vêm pesquisando o *bullying* têm também empregado essa explicação. Os primeiros estudos sobre *bullying* apareceram nos anos 1970 e 1980, com Olweus (1993) na Suécia, mas foi nas décadas de 1980 e 1990 que houve um incremento dos estudos sobre o problema. O surgimento na Suécia se deveu precisamente ao impacto do suicídio de dois adolescentes no curto espaço de tempo de uma semana e, assim, Olweus em 1985, por meio de um estudo mais amplo que realizou com 130 mil alunos noruegueses entre 8 e 16 anos, concluiu que aproximadamente 15% da amostra implicava condutas desse tipo. Ele utilizou um questionário que contava com aproximadamente 25 questões de múltipla escolha, que permitiu verificar a frequência e os tipos de agressões, os agressores e os locais preferidos para essas manifestações. As cifras que mostram os diferentes estudos posteriores realizados por esse mesmo autor na Suécia e Noruega indicam que entre 13% e 18% de alunos e alunas estão diretamente implicados ou como agressores ou como vítimas.

Já são mais de trinta anos de estudos e pesquisas e o que se observa, de modo geral, é que a incidência do problema do *bullying* é relativamente similar em diferentes países e afeta diretamente quase a metade da população escolar. Resultados similares são apurados na Espanha com os estudos de Oñate e Piñuel (2007), Díaz--Aguado (2005), Cerezo (2009), Avilés Martínez (2003a, 2003b) entre outros; no Brasil com os estudos de Fante (2005), Tognetta e Vinha (2008); nos Estados Unidos com o documento intitulado Investigação Nacional para os Delitos de Vitimização; na Escócia com Mellor (1990); na Irlanda com O'Moore, Kirkham e Smith (1997).

Em geral, os estudos chegam a conclusões muito parecidas às investigações iniciais de Olweus (1993) que apontam quatro características essenciais do *bullying*:

- A intenção de fazer mal – as condutas de agressão dirigidas à vítima, geralmente indefesa.
- A reiteração de condutas de agressão, ou seja, a necessidade de se fazer agressões repetidas dirigidas à mesma vítima, e não uma agressão pontual. A agressão supõe uma dor não somente no momento do ataque, mas de forma contínua porque cria uma expectativa na vítima que se vê como alvo de futuros ataques.
- O desequilíbrio de poder ou desvantagem da vítima que a impede de sair por si mesma da situação; é sempre uma desigualdade de poder, uma situação indefensável por parte da vítima.
- Alunos com alguma peculiaridade significativa, física ou psicológica, que os leva a serem considerados inferiores de alguma forma, são as vítimas mais prováveis.

Os "tipos" de *bullying* costumam ser:

- **Físico** – empurrões, chutes, socos, agressão com objetos ou até com armas de fogo.
- **Verbal** – em especial, insultos e chacotas. Também são frequentes o menosprezo público ou a constante divulgação pública de um problema físico ou de atitude da vítima, manifestado por meio de apelidos maldosos.
- **Psicológico** – são ações que tendem a destruir a autoestima do sujeito e fomentar sua sensação de insegurança e temor. Esse componente aparece em todas as formas de maltrato.
- **Social** – isolamento do grupo com a conivência deste.

Olweus (1993) também delimitou as variáveis do fenômeno em relação à idade, gênero e lugar mais frequente do maltrato. As idades giram em torno do 5º ano da educação básica até o Ensino Médio, com maior incidência na faixa do 7º ano. Em geral os meninos agridem com mais frequência que as meninas, especialmente com agressões físicas; já as meninas cometem a agressão indireta, espalhando rumores ou excluindo socialmente. Os lugares que servem de palco para o *bullying* são, geralmente, os pátios sem supervisão do adulto. Nas salas de aula, as agressões verbais são as mais recorrentes.

Trataremos agora dos perfis dos protagonistas desse fenômeno, ou seja, a descrição das vítimas, ou melhor, dos alvos e dos agressores ou autores.

Alvos ou vítimas

São percebidos como inseguros, sensíveis, pouco assertivos, fisicamente mais frágeis, com poucas habilidades sociais, baixa autoestima e com poucos amigos (Farrington, 1993). Em geral, são bons alunos, mas, em consequência do *bullying*, apresentam ansiedade, depressão, desejo de não ir para a escola com enfraquecimento do seu rendimento escolar. Podem também apresentar somatização de doenças e, se a vitimização se prolongar, pode surgir idealização suicida. Na fase adulta, terá mais probabilidade de desajuste social e de sofrer assédio moral no trabalho.

No âmbito familiar, os alvos passam muito tempo em casa. Nas pesquisas de Olweus (1993), há uma excessiva proteção paterna gerando filhos dependentes e apegados ao lar. De acordo com esse autor, os alvos em especial têm um contato mais estreito e uma relação positiva com suas mães.

Na tipologia dos perfis, há dois tipos de vítimas (alvos): *ativo* ou *provocativo* que costuma exibir seus traços característicos, combinando ansiedade e agressividade. Geralmente são alunos que têm problemas de concentração e tendem a comportar-se de forma tensa e irritável com quem está a sua volta. Frequentemente, provocam reações negativas em seus colegas. As *vítimas provocativas* manifestam um perfil de conduta emocionalmente instável.

Já a *vítima passiva*, mais comum, são sujeitos inseguros que mostram muito pouco que estão sofrendo. Geralmente são alunos que não têm amigos na classe e não sabem como fazer amizades. São isolados e de acordo Olweus (2004) despertam sentimentos positivos nos professores.

Resumindo, as vítimas são caracterizadas por manifestarem falta de assertividade e apresentarem um perfil que aponta para:

- Indício exagerado de timidez.
- Baixa autoestima.
- Percebem-se como incompetentes.
- Traços de insegurança.
- Introversão.
- Não adaptação social.
- Poucas habilidades para reagirem a agressões dos colegas.
- Poucas habilidades de comunicação.

Autores ou agressores

Os agressores ou autores de *bullying* são fisicamente mais fortes, impulsivos, dominadores, não seguem regras, possuem baixa tolerância para a frustração e desafiam a autoridade. Além disso, apresentam boa autoestima, têm atitude positiva diante da violência e criam conflitos onde não há. Conforme Olweus (1993) e Ortega (1994), geralmente são do sexo masculino. Com frequência atingem seus objetivos com êxito aumentando seu *status* no grupo que o reforça psicologicamente. Em termos de sua personalidade, há falta de capacidade empática e falta de sentimento de culpa. Carecem de laços familiares e estão muito pouco interessados na escola, daí seu baixo rendimento. Quando persistem nessas condutas, surgem outros desajustes sociais depois da saída da escola, como péssimo rendimento acadêmico/universitário, uso de álcool, porte de armas, roubos e, de acordo com Olweus (1993), sofrem processo na justiça por conduta criminosa.

Os estudos que incluem resultados sobre o perfil dos agressores apresentam com frequência fatores de impulsividade e reatividade como traços de suas personalidades (Olweus, 1993). Resumindo suas condutas, temos o seguinte quadro:

- Temperamento agressivo e impulsivo.
- Hiperatividade.
- Condutas destrutivas.
- Baixa sensibilidade.
- Nível intelectual inferior.
- Assertividade.
- Ausência de empatia.
- Aceitam facilmente provocações.
- Tendência para a agressão.
- Má conduta acadêmica.
- Baixo grau de aceitação social.

Espectadores

Olweus (1993) interpretou a falta de apoio aos companheiros das vítimas como o resultado da influência que os agressores exercem sobre os demais. No caso do maltrato entre iguais, surge um contágio social que inibe a ajuda e estimula a participação nos atos de intimidação por parte do restante dos companheiros que conhecem o problema, ainda que não tenham sido protagonistas inicialmente. Vem sendo evidenciado que o medo de ser incluído no círculo de vitimização e converterem-se eles próprios em alvo de agressão tem impedido que os alunos se manifestem ou façam algo para impedir ou proteger a vítima. Esse aspecto pode ser visto no filme *Acusados* (1988) com Jodie Foster, ganhadora do Oscar pelo papel da vítima de agressão sexual, que leva a julgamento não só seus agressores, mas também os espectadores por omissão e/ou contemplação. Vale acrescentar que, para alguns autores como Beane (2008), os espectadores compreendem dois grupos distintos: o das testemunhas, que só presenciam a violência, e os seguidores, que riem e manifestam algum tipo de apoio ao agressor.

Consequências do *bullying*

Para o alvo ou a vítima

É para quem as consequências podem ser mais nefastas, já que podem surgir fracassos e dificuldades escolares, altos níveis e contínuos de ansiedade e ansiedade antecipatória combinada com a fobia de ir à escola. Enfim, há a construção e definição de uma personalidade insegura e pouco saudável no seu desenvolvimento integral. Olweus (1993) assinala que as dificuldades da vítima para sair da situação de ataque por seus próprios meios provocam nelas efeitos claramente negativos como a baixa autoestima e quadros depressivos com a impossibilidade de integração escolar. Quando a vitimização se prolonga, podem manifestar quadros de neurose, histeria e depressão. Em casos extremos, as vítimas, de acordo com Beane (2008), impelidas pelo medo e ódio podem agredir violentamente seus agressores ou até outras pessoas na tentativa de restabelecer a simetria de poder rompida pelo *bullying*. Podem ainda tentar o suicídio. Vimos este tipo de sucessão de manifestações no caso Columbine nos Estados Unidos e mais recentemente no Brasil no caso do Realengo no Rio de Janeiro, onde os rapazes que eram originalmente vítimas de constante hostilidade tornaram-se os agressores de seus algozes.

Para o autor ou agressor

Também está sujeito a consequências indesejadas e pode estar a um passo de condutas ilegais na tentativa de conseguir seus objetivos. Suas atitudes são autorreforçadas como positivas porque trazem *status* de acordo com o grupo ao qual pertence e uma forma de reconhecimento social. Eles podem generalizar a forma de estabelecer os vínculos sociais, estendendo a outros grupos as formas de domínio e submissão ou na convivência doméstica.

Para os espectadores

Eles também não permanecem ilesos diante desses fatos e desencadeiam um aprendizado sobre como comportar-se em situações injustas e reforçam suas posturas individualistas e egoístas. O que pode ser mais perigoso é que começam a atribuir valores positivos às condutas agressivas. Tornam-se insensíveis perante o sofrimento alheio na medida em que continuam contemplando agressões repetidas contra os que não são capazes de revidar.

Causas e circunstâncias que produzem essas condutas

Os sujeitos jovens violentos costumam ter uma trajetória prévia como agressores nas escolas e antecedentes de família multiproblemática, independentemente da classe social ou estilos de vida, quando o caso é a personalidade antissocial ou narcisista. Há algumas explicações teóricas para isso, como se tomarmos a teoria sobre a motivação humana de Maslow (1987), a explicação seria que o ser humano age para satisfazer suas necessidades. No intuito de satisfazer essas necessidades, as pessoas por gerações e gerações põem em prática estratégias que adotam uma perspectiva ora reflexiva, ora espontânea e que ainda hoje isso se repete, assim, conforme o autor, as atitudes espontâneas, isto é, irrefletidas ou impulsivas quase sempre tenderiam para a violência física ou simbólica.

Já a teoria psicanalítica considera as agressões como formas de conduta governadas pelos instintos, explicadas como o *tanatos* ou instinto de destruição. A etologia de Lorenz (1995), por sua vez, postula que se produz uma seleção natural dos mais agressivos como mais adaptados para a sobrevivência e conservação da espécie.

Com a sociobiologia, aceita-se a existência de uma base genética, não excluindo a influência de contingências sociais às quais o sujeito deve aprender a responder de maneira agressiva, e a experiência pode se modificar em grau e intensidade e se manifestar de várias formas violentas.

Com as explicações da Psicologia Moral,[1] vamos nos alongar um pouco mais por considerarmos pertinente às concepções de violência que procuramos abordar neste texto. Primeiro, porque a violência, como ato, coloca o outro como um meio e não como um fim, como diria Kant (apud La Taille, 2009). Em segundo lugar, porque a violência trará sempre um problema moral quando se refere a um traço de caráter com um valor atribuído. Para falar de moralidade e violência, trazemos aqui a teoria piagetiana sobre o juízo moral nas crianças.

Atualmente, muitas das teorias sobre desenvolvimento moral são derivadas dos trabalhos com crianças realizados por Piaget (1994) sobre o desenvolvimento da compreensão de regras. Formalmente, a moral é entendida como um conjunto de condutas consideradas obrigatórias para o reconhecimento da dignidade humana, e Piaget (1994) pesquisou como as crianças reconhecem essa obrigatoriedade em relação aos deveres e direitos alheios. Das observações de crianças jogando, Piaget (1994) formulou a teoria dos estágios de desenvolvimento moral que vão desde o sentido de obediência a uma autoridade superior até perspectivas mais amadurecidas, em que as crianças entendem que as regras são elaboradas e podem ser alteradas através de um consentimento mútuo dos participantes das brincadeiras.

---

[1] Campo de estudos e pesquisas em Psicologia que se preocupa com a formação da personalidade e os aspectos éticos e morais relacionados. Para a Psicologia Moral, o tema da violência se relaciona à incivilidade, à coação, ao uso da força. É no plano da moral, de acordo com La Taille (2009), que incivilidade, o desrespeito com outrem, é uma forma de violência.

A visão psicogenética de Piaget do desenvolvimento moral na criança constitui um sólido esquema derivado teórica e empiricamente de sua teoria do desenvolvimento intelectual. Com um método clínico de investigação, utilizando dilemas com crianças, percebeu que estas estabelecem uma periodização do desenvolvimento moral desde a indiferenciação egocêntrica do período sensório-motor, passando pelo realismo moral do operatório até a construção do juízo moral próprio do período formal.

O autor ressalta a lógica constitutiva desse processo em que esquemas e estruturas mentais se integram em sucessivas equilibrações para explicar o desenvolvimento moral por meio do mecanismo de adaptação, tema que foi estudado posteriormente por Kohlberg (1927-1987) e Eisenberg (1982).

A teoria cognitiva de Piaget explica a evolução da inteligência por quatro grandes períodos – sensório-motor, pré-operatório, operatório concreto e operatório formal – que constituem uma premissa indispensável para compreender as etapas de indiferenciação moral egocêntrica, do realismo moral e a formação do juízo moral na criança, o que denota um processo de construção moral que parte da heteronomia para a autonomia, tomada por Piaget da perspectiva filosófica kantiana.

A moral heterônoma é própria das crianças pequenas e característica da passagem da indiferenciação moral egocêntrica para o realismo moral, próprio do período pré-operatório e início do operatório. Sua essência consiste no valor das normas que é dado pelas pessoas que as ditam, ou seja, o adulto, em especial pais e professores, e expressa, de um lado, os fatores sociais e, de outro, o amadurecimento do processo de desenvolvimento humano.

> Vale dizer que para Piaget o realismo moral é uma consequência infalível dos ritmos do desenvolvimento, em especial da inteligência infantil e do papel do adulto como representante das normas sociais.

As limitações no desenvolvimento moral da criança trazem grandes consequências educacionais, pois os alunos têm capacidade limitada para estabelecer juízos e procedimentos morais apropriados às normas e à distinção do bem e do mal, da mentira e da verdade, da justiça e injustiça etc. Assim, observa-se a importância da compreensão das concepções piagetianas para os sistemas educacionais poderem desenvolver programas de resgate das relações interpessoais adequadas e da boa convivência.

É preciso compreender que uma forma inicial de socialização das crianças é aprender a internalizar padrões de conduta do que é certo ou errado, ou seja, desenvolver uma consciência das coisas em um processo de construção moral, no qual muitos fatores contribuem para tal. Ainda que as crianças pequenas, conforme Piaget (1994), vejam as regras como inflexíveis, elas as mudam de acordo com seus próprios interesses em uma brincadeira, por exemplo, não chegando a cair em contradição, mas isto nos leva a refletir sobre as limitações da compreensão dessas crianças sobre a natureza e o propósito das regras como reciprocidade. De acordo com esse autor, há um movimento de amadurecimento na direção de pontos de vista mais flexíveis, nos quais, o que conta, são as intenções quando os sujeitos julgam comportamentos de outros e seus próprios.

> O desenvolvimento moral diz respeito à evolução da consciência da criança que acontece com a internalização das regras sociais e padrões de conduta. É um longo processo de aprendizagem das normas e das concepções de certo e errado.

As crianças vão adquirindo maturidade moral se estiverem cercadas de um clima social no qual as ações dos outros são modelos, muitas vezes, de justiça, respeito e preocupação com os demais. As observações que as crianças fazem sobre o comportamento das outras pessoas, como estas tratam uns aos outros, em paralelo à própria maturação cognitiva, também contribuem para emergir nelas um senso de moralidade ou sensibilidade moral como diz La Taille (2006). Isso é o que nos mostram as pesquisas de Damon (1988) e Lickona (1976) em que crianças e adolescentes apresentam estágios mais complexos de raciocínio moral, quando convivem com figuras de autoridade com atributos éticos e que são investidas de qualidades de liderança. Esses modelos são fundamentais para seu desenvolvimento. Por meio deles, adquirem um senso de justiça distributiva e comprometimento, sendo capazes de perceberem as variáveis de determinada situação, avaliando os aspectos implicados.

Crianças e adolescentes adquirem mais maturidade moral se crescem em uma atmosfera de clareza, apoio, cuidados e comunicação aberta na qual suas concepções podem, gradualmente, ir se construindo em valores e atitudes pró-sociais. Uma das autoras, citada anteriormente, que deu continuidade aos estudos piagetianos foi Nancy Eisenberg (1982) e, de acordo com ela, a essência da moral pró-social consiste na execução de atitudes para ajudar, consolar de maneira altruísta, ou seja, ações que beneficiam ao outro sem que se obtenha recompensas.

Vários fatores contribuem para desenvolver a pró-socialidade, incluindo os modelos significativos de adultos, assim como uma educação em valores propriamente dita, na qual, desde cedo, as crianças são motivadas a aprender a compartilhar, a serem altruístas, generosas, tolerantes e com senso de empatia.

Está claro que os anos pré-escolares são importantes para construir a base da compreensão do bem e do mal. Tal aprendizado é mais efetivo, conforme Erikson (1987), quando as crianças podem desenvolver um forte sentido de confiança a partir das relações afetivas e significativas com adultos. Na base dessa confiança, o desenvolvimento da independência das crianças acontece de forma saudável, facilitado pelo cuidado dos pais que as vão encorajando a se tornar adultos com senso de limite e comportamentos apropriados, ajudando-as a controlar seus impulsos agressivos e aprendendo alternativas para solucionar seus conflitos com atitudes socialmente aceitáveis. Os pais têm também papel importante, ensinando o filho a se defender no caso de sofrer injustiças em conflitos interpessoais ou desrespeito na vitimização (Beane, 2008).

Outro fator com o qual as crianças e adolescentes têm de lidar, especialmente em uma sociedade plural como a nossa, é que os valores morais variam de acordo com as diferentes culturas. Algumas regras morais interpessoais universais, como não causar danos a outros, assassinato, incesto, roubo e responsabilidades familiares, são praticamente comuns em várias sociedades. Outras regras morais convencionais já são construídas a partir do consenso em culturas mais específicas.

No que diz respeito às regras, relativas ao uso da violência como estratégia para resolver os conflitos, observam-se diferenças importantes entre as culturas. Há as que o grupo e o vínculo entre os membros são importantes – como as coletivistas, orientais e latinas – onde a violência é condenada, ou evitada pela esquiva ao conflito. Essas tendências podem ser observadas entre crianças que buscam evitar o conflito, premiando igualmente todos os jogadores em um jogo, independentemente do merecimento. Já nas culturas individualistas, que valorizam mais a liberdade individual – como as europeias e norte-americanas –, o conflito é enfrentado e a agressão, embora não seja aprovada, não é tão reprimida. É interessante notar que nessas culturas é estimulado o enfrentamento pacífico do conflito, via negociação. Um exemplo de solução para a situação anteriormente citada seria premiar os jogadores pelo mérito, porém explicando os critérios adotados para tal.

Enfim, cada sociedade especifica as regulamentações que garantem a ordem e a segurança de seus membros. Diante dessa variedade, é complexo compreender se umas regras são mais importantes que outras. Crianças e adolescentes manifestam comportamentos de transgressão nas salas de aula e, muitas vezes, uns são considerados mais sérios que outros, por isso a ênfase na importância de acompanhar de perto crianças e jovens em seu desenvolvimento moral, permitindo que falem sobre seus sentimentos, valores e sobre as consequências de suas atitudes.

Concluindo esse tópico, a conduta violenta, como qualquer outra conduta, é resultado de características da pessoa, tanto sociais como psicológicas, que vão sendo construídas ao longo da história pessoal por meio das experiências de interação social e aprendizagem. Assim, para entender as condutas violentas é também interessante compreender as características pessoais, assim como as circunstâncias psicossociais que eliciam essas condutas.

Variáveis possíveis – fatores desfavoráveis

São apontados diferentes tipos de fatores que podem fazer aparecer condutas violentas e, sobretudo, manter as condutas intimidadoras. Surgem, a todo instante, muitos estudos e, justamente por isso, há muita variedade de informação. Neste texto, apontaremos alguns que consideramos pertinentes.

Âmbito familiar – o contexto familiar tem indubitavelmente uma importância fundamental para a aprendizagem de formas de relacionamento interpessoal. Assim, a estrutura e a dinâmica da família, os estilos educacionais dos pais, as relações com os irmãos etc. são aspectos fundamentais que temos de levar em conta, já que podem converter-se em fatores de risco para que as crianças se tornem agressores ou vítimas em seu relacionamento com os iguais.

Olweus (1993) apontou, no contexto da família, três fatores que ele considerou decisivos, em ordem de importância, para o desenvolvimento de um modelo de reação violenta:

a. Atitude emocional dos pais (ou da pessoa que cuida da criança): a atitude emocional é decisiva durante os primeiros anos. Uma atitude negativa, carente de afeto e de dedicação aumentará o risco de que a criança se torne mais tarde uma pessoa agressiva com os demais.

b. Grau de permissividade dos pais diante da conduta agressiva: a criança deve ir aprendendo os limites do que se considera conduta agressiva para com as pessoas. Um comportamento demasiado permissivo dos adultos poderia distorcer a visão que finalmente o sujeito deveria aprender. Essa aprendizagem, se for realizada de forma desfocada, poderia favorecer, junto com o primeiro fator mencionado anterior, um modelo de reação agressiva.

c. Métodos de afirmação da autoridade: se as pessoas que cuidam da criança utilizam habitualmente, para afirmar a autoridade com ela, o castigo físico e o maltrato emocional, isto gerará mais agressividade e porá em prática a frase de que "a violência gera violência". A internalização das regras que a criança deve aprender nunca pode se instalar mediante um castigo físico conforme explicado no desenvolvimento moral de acordo com Piaget (1994).

Portanto, o carinho e a dedicação da pessoa que cuida da criança, com limites bem-definidos sobre as condutas permitidas ou não, e o uso de métodos educacionais corretivos não físicos, criam crianças independentes e harmoniosas. Outros fatores do âmbito familiar, que podem influir a favor ou contra o desenvolvimento de um modelo agressivo, seriam:

- A supervisão de forma razoável das atividades que as crianças fazem fora da escola, sobre o que fazem e com quem fazem, especialmente, na adolescência.
- As relações que se estabelecem entre os adultos da família, os conflitos e sua frequência, as discussões entre os pais e se estão presentes ou não.
- O uso dos filhos como aliados nas discussões entre o casal ou a presença de um dos pais, alcoólatra ou violento, também é de vital importância.

Os adultos são fortes modelos de valores moralmente legitimados para as crianças e de condutas socialmente favoráveis para os relacionamentos interpessoais. A construção do *self* [2] se produz a partir da sua interação com os outros, sobretudo na família, que vai marcar a base dessa construção. Como um elemento a mais do conteúdo dessa construção está a interpretação do mundo, a escala de valores empregada, as atitudes perante os outros e as formas de relacionamento. Assim, os modelos aprendidos na família, pela experiência direta ou não, as escalas de valores e os estilos educacionais dos pais levam os filhos à construção das próprias escalas de valores e padrões de relacionamento. E, como as pessoas fazem uma seleção perceptiva e tendem a selecionar elementos que legitimam sua perspectiva de conduta, isso mostra que as interações no meio familiar são cruciais para o aparecimento de condutas violentas.

Âmbito social – existem vários fatores sociais e culturais implicados no fenômeno da violência cujo conhecimento permite sua compreensão em toda sua complexi-

---

[2] O conceito de *self* tem ampla tradição na Psicologia e se relaciona aos EU, à personalidade, aos conceitos de autoestima e autoconceito.

dade, como os meios de comunicação que se tornaram um contexto educacional informal de enorme importância no desenvolvimento e na aprendizagem das crianças e adolescentes. Não que os meios de comunicação por si só possam explicar a causa da violência infantil e juvenil, ainda que a observação de programas violentos socialmente aceitos possam se agregar a outros fatores de risco, pela banalização da violência que promovem. Também os recursos comunitários, tais como serviços sociais, jurídicos ou policiais, têm um importante papel na prevenção do abuso. Por fim, não se pode duvidar da importância das crenças e dos valores culturais no momento em que se explica o problema do maltrato entre iguais. Por isso, a questão vai adotar formas e intensidades diferentes nas distintas culturas.

Exemplo é o fato de que os estudos sobre *bullying* ou vitimização, como um tipo específico de conflito interpessoal, não são consistentes com as tendências culturais individualistas e coletivistas explicadas anteriormente, pois apontam mais para similaridades que diferenças entre países ocidentais e orientais, o que é observado por vários autores listados no final do tópico. Vários aspectos em comum foram observados em culturas coletivistas e individualistas, tais como:

a. A prevalência do fenômeno entre crianças do Ensino Fundamental.

b. A incidência de *bullying* decaindo em torno de 13 anos, quando as crianças se tornam mais habilidosas socialmente.

c. Diferenças de gênero no *bullying*, sendo as meninas mais vítimas que perpetradoras e também mais propensas a praticar a agressão relacional do que meninos, como excluir ou difamar, os quais, além de provocar mais, agridem mais verbal e fisicamente.

d. Os alvos preferenciais de *bullying* são, em geral, crianças pouco habilidosas socialmente, por serem ou muito agressivas ou retraídas.

e. Consequências como sintomas físicos e psicológicos de ansiedade para as vítimas do *bullying*.

f. O *status* social dos provocadores (*bullies*), similar ao das crianças neutras, que nunca provocam nem são provocadas, e que constituem uma proporção variável nos diversos países.

Alguns aspectos em comum foram observados entre culturas coletivistas, como maior aprovação em relação à provocação dirigida a pessoas de fora do grupo e maior empatia pelas vítimas pertencentes ao grupo. Porém, alguns resultados inesperados relativos a agressão e *bullying* foram também encontrados em culturas coletivistas, os quais contrastam com as tendências já apontadas de evitar o conflito:

a. Ausência de diferenças de gênero entre crianças sul-coreanas (Schwartz et al., 2002).

b. Maior tendência em praticar o *bullying* entre jovens adolescentes do sexo masculino brasileiros, que estavam cientes das normas escolares sobre esse tipo de prática, e que acreditavam que seriam punidos pelo ato (De Sousa e Ribeiro, 2005);

c. Comportamento retraído, que normalmente atrai *bullying*, mesmo em culturas coletivistas, aprovado como um sinal de competência social, e, assim, não atraindo provocação na China (Chen et al., 2004), mas rejeitado por crianças orientais e sul-coreanas (Schwartz, Chang e Farver, 2001);

d. Maior uso de estratégia agressiva entre meninas israelitas de ascendência árabe, quando comparadas às de ascendência europeia ou norte-americana (Landau et al., 2002).

Outras comparações culturais relativas ao *bullying* e agressão entre adolescentes e jovens universitários também trazem resultados menos consistentes com as tendências culturais examinadas anteriormente:

a. Ausência de diferenças de gênero em relação à agressão relacional, como isolar socialmente, entre estudantes espanhóis (Toldos, 2005);

b. Maior aprovação da agressão física e valores favoráveis à agressão instrumental como um meio de controle entre japoneses, comparados a espanhóis (Ramirez, Andreus e Fujihara, 2001) e australianos (Neasdale e Naito, 2005);

c. Diferenças inesperadas entre jovens ingleses de ascendência árabe ou saxã, sendo os primeiros mais favoráveis à agressão instrumental do que os últimos (Thanzami e Archer, 2005). Comportamentos, como ironia, que são considerados inofensivos em alguns países como os Estados Unidos, Espanha e Polônia são considerados uma ofensa séria na Finlândia, Japão e Irã. E, ainda, a punição física não é considerada tão negativamente no Japão e no Irã como nos Estados Unidos, Espanha, Finlândia e Polônia (Ramirez et al., 2005).

Em suma, alguns resultados relativos à vitimização e agressão em países diferentes quanto à orientação cultural são um tanto inconsistentes com aqueles identificados nos estudos de resolução de conflitos. Esses resultados apontam para a importância de outras dimensões culturais, que, como já mencionado, foram identificadas por Hofstede (Hofstede e Bond, 1984). Tais dimensões introduzem variabilidade em uma cultura, o que significa que estas não podem ser caracterizadas como globalmente coletivistas ou individualistas, embora estas últimas características correlacionem bem com a agressão como estratégia. Outras dimensões como a intolerância à incerteza, distância em poder, ou seja, quanto mais desigualdade, maior a agressividade, ou ainda, orientação para valores mais associados à masculinidade em detrimento dos voltados para o cuidado, ou seja, para a feminilidade, podem explicar diferenças, assim como semelhanças entre culturas, na medida em que salientam ou atenuam alguns dos valores associados à agressão e conflito.

Cada cultura busca socializar seus membros em direção daquilo que pode melhor garantir sua sobrevivência e sua influência não é determinante, principalmente no início da vida, quando os valores ainda estão sendo construídos. É possível que seja esta a explicação para as semelhanças encontradas na prática do *bullying* entre culturas diferentes.

Por fim, é de indubitável influência a própria sociedade (Mooij, 1997) e os meios de comunicação que são estruturalmente violentos para grande parte da população. Características presentes no contexto pós-moderno em que nos encontramos como a busca desenfreada pela fama e pela glória, pela emoção constante, valoração do poder, do dinheiro, do êxito, dos bens de consumo fazem que a violência, como uma ferramenta de uso na mídia, gere um clima de tensão estrutural que ajuda na manutenção de modelos de conduta agressiva.

Âmbito do grupo (dos pares) – em geral, o modelo que atua dentro de um grupo influi em todos os espectadores, em especial naqueles que não têm formado ainda um espírito crítico, que são inseguros, dependentes e não contam para o restante dos companheiros o que lhes acontece no dia a dia. Nestes sujeitos se produz o que se chama de contágio social, pois adotam o comportamento desse modelo que observam, o que para eles é tomado como uma forma de imporem-se perante o grupo.

Dessa ideia é derivada outra. Diante das ações agressivas do modelo exitoso e recompensado, produz-se no espectador uma queda nas barreiras inibidoras para atuar de forma agressiva também. Ao observar um modelo violento que obtém o que quer mediante a força e a intimidação, o espectador passa a atuar de acordo com esse modelo em razão das recompensas que são prometidas.

No caso do *bullying*, a recompensa para o agressor é a imposição e atuação sobre a vítima, que não é capaz de reagir e que se avalia como submissa ou inferior. Se os adultos ou outros alunos que, por acaso, estiverem perto e não fizerem nada contra o agressor, este poderá supor que nenhuma consequência vai ocorrer, nenhuma punição contra sua ação agressiva, e esses fatos vão aumentar a frequência da ocorrência de violência, já que ele obtém recompensa (atacando a vítima) e não castigo (reprovação dos adultos ou amigos). O fato de participar de certas ações reprováveis, acompanhado de outras pessoas, pode provocar no sujeito uma diminuição do sentimento de reprovação e de responsabilidade pessoal, pois os sentimentos de culpa que aumentariam se estivesse sozinho são reduzidos pela presença dos outros. O sujeito perde a sensibilidade para se indignar perante manifestações de desrespeito ao outro. Conforme La Taille (2006), "a indignação é um sentimento moral despertado pelo fato de direitos terem sido desrespeitados, pelo fato de alguma injustiça ter sido cometida" (p. 123).

Se a vítima acumula insultos, ataques contínuos provenientes de grupos de ataque que contemplam a ação ou, ao menos, não se opõem, acabam por ver aquela pessoa como alguém de pouco valor, que não há problema que seja atacada e, de alguma maneira, como "merecedora" do que se passa. Essa percepção supõe menos culpa para os agressores.

> Uma pessoa capaz de sentir culpa sabe que, se fizer determinadas ações, a sentirá de fato, e essa capacidade age como regulador da ação moral. É por essa razão que é correto afirmar que uma pessoa incapaz de sentir culpa carece de um "freio moral" essencial, e que certamente estará mais inclinada a agir contra a moral do que outras que possuem tal capacidade. (La Taille, 2006, p. 129)

Âmbito pessoal – as características ou circunstâncias pessoais de certos sujeitos podem ser fatores de risco para que, em determinadas condições, os agressores se comportem de forma violenta com seus companheiros (Olweus, 2004). Essas características, como a agressividade, a falta de controle e a aprendizagem de condutas violentas nos primeiros anos de vida, são frequentemente utilizadas para explicar o fenômeno do *bullying*, mas não podem ser aceitas como únicas causas dos maus-tratos. Algo semelhante poderia dizer respeito a certas peculiaridades das vítimas, tais como sua debilidade física ou psicológica, baixa autoestima etc.

Há autores, como Eysenck (1976), que diziam que as pautas morais do indivíduo são adquiridas por condicionamento clássico, o que não quer dizer que as condutas violentas aprendidas não se repitam ou se extingam em virtude das consequências. As condutas violentas são postas em prática e se repetem enquanto o sujeito sentir-se recompensado e sentir que, ao realizá-las, os inconvenientes percebidos são muito inferiores às vantagens que obtém. Ou seja, dentro dessa perspectiva teórica, as condutas violentas resultam funcionais para quem as realiza. Se não fosse assim tenderia a se extinguir.

O problema, então, é fazer que essas condutas deixem de ser funcionais. Refletindo um pouco mais, qualquer conduta violenta leva a uma descarga de tensão, assim, para deixar de manifestá-la, o sujeito deverá vivenciar um bem-estar por essa descarga em menor grau que o mal-estar das consequências de sua conduta. Aí temos um problema: há uma tendência a se valorizar mais as recompensas imediatas, o prazer a curto prazo, e consequentemente o bem-estar pelo alívio da tensão imediata. Ao se sentir dominante sobre a vítima, há uma satisfação resultante da necessidade social de poder e, nesse caso, melhora ou mantém um nível elevado de autoestima e autoconceito.

As recompensas que são percebidas pelo agressor costumam ser do tipo psicossocial ou psicofisiológica, exceto nas condutas de roubo ou tráfico de drogas, através das quais se costuma obter uma recompensa material. Já nas ações de *bullying* e de violência com os outros, a recompensa pode estar (Avilés Martínez, 2003a):

- no próprio alívio da tensão;
- na satisfação de se sentir dominador ou com poder sobre a vítima;
- na melhoria do autoconceito e da autoestima a partir da conformidade da conduta com a escala de valores do grupo a que pertence;
- na aquisição ou manutenção de poder e prestígio social no grupo.

Nesta mesma linha, podemos pensar que tanto autores como alvos de *bullying* não conseguiram desenvolver suas personalidades de forma ética, ou seja, não estão motivados para a ação moral e, se não respeitam a moral, não respeitam a si próprios, ou no caso das vítimas, sentem-se humilhados e envergonhados (La Taille, 2006). Como vimos em Piaget (1994), o desenvolvimento moral corresponde a uma gradual integração das questões morais e éticas à personalidade, reforçada pela cooperação para atingir a moral autônoma. Por isso, para a organização psíquica da criança, é necessário o despertar do senso moral que envolve elementos cognitivos e afetivos que deverão se coordenar entre si na construção da sua personalidade. Poderíamos dizer que os protagonistas de *bullying* não desenvolveram as representações de si com valor positivo (La Taille, 2006), o que os faz destituídos de um sentimento de obrigatoriedade para com o outro: o autor com elevada autoestima, ao contrário do alvo, que apresenta baixa, além da desigualdade no autoconceito de cada um, que se veem em uma relação assimétrica de poder.

Além disso, temos as questões externas. Costuma-se indicar como características externas aqueles traços que podem singularizar o indivíduo e torná-lo diferente do grupo geral (Olweus, 1993). Traços de obesidade, altura, cor de pele, maneira de falar ou se movimentar, cabelo, uso de óculos etc., na medida em que são muito diferentes da norma do grupo, podem despertar a percepção de que podem ser ridicularizados pelos agressores. Sem dúvida, levantamos a hipótese de que esses são traços necessariamente desencadeadores de ataque às vítimas porque as crianças e jovens suportam ou toleram muito pouco as diferenças individuais. Precisam ser ensinadas nesse sentido.

Porém Olweus (1993, 2004) descarta esse fator de que as diferenças externas expliquem, por si só, os ataques às vítimas. Em seus estudos, demonstrou que 75% dos alunos podem apresentar algum traço diferenciado externo, sem com isso se tornarem alvos de *bullying*, o que significa que atribuir a vitimização às diferenças físicas pode ser uma simplificação porque a maioria das pessoas se diferencia da norma em alguma característica.

Além disso, a grande população que está à margem do fenômeno do *bullying* também se caracteriza por diferenças externas. O fato de que os agressores se detenham nessas diferenças das vítimas como meio de causar dano não significa que esses desvios sejam a causa única dos ataques. Nesse sentido, os desvios teriam um papel mediador ou desencadeador somente no início dos ataques, mas não é decisivo no momento crítico. Contudo, não se pode desconsiderar que há características externas que se associam à figura do agressor, como sua força física, que é relevante. Esse traço externo está a favor do agressor em relação a seus companheiros, pois esse aspecto deixa a vítima em posição embaraçosa.

Âmbito escolar – o contexto escolar é determinante para o estabelecimento de relações dos alunos entre si e com o corpo docente. Tanto os aspectos estruturais da instituição escolar como sua dinâmica são muito importantes para as reflexões sobre os abusos entre iguais na escola.

Os estudos de Olweus, na Suécia, não confirmam a crença que existiria mais problemas de intimidação em centros escolares e/ou salas de aula populosas em detrimento de outras com menos alunos. Igualmente, não viram relação positiva entre a gravidade dos problemas dos agressores e vítimas e o tamanho da escola ou do grupo.

Os aspectos relacionados à gestão escolar já podem ocupar um papel fundamental no desenvolvimento ou não de condutas antissociais. A seguir, alguns deles:

a. A escola e a existência ou não de normas de conduta estabelecidas – é necessário que os alunos conheçam e mantenham um código de pautas de ação concretas e o processo que se desencadeia quando estas não são cumpridas. É necessário, portanto, estabelecer combinados para a participação dos alunos no estabelecimento, assunção e avaliação dessas normas para favorecer sua internalização e responsabilidade.

b. A falta de um modelo participativo na comunidade escolar pode proporcionar, tanto em alunos como em professores, ausência de consenso para a tomada de decisões. Um sistema disciplinador inconsciente, ambíguo ou extremamente rígido (como na figura acima que retrata uma sala de aula bem tradicional) pode provocar o surgimento de situações de violência e intimidação.

Olweus (1993) verificou que as atitudes de professores e gestores diante das situações de intimidação e agressão são decisivas para atacar o problema. Uma delas é a presença dos professores em locais onde pode ocorrer violência prontos a intervir. Seus estudos mostraram que à medida que aumentam o número de adultos em períodos de intervalo das aulas, baixa o número de incidentes de agressão na escola.

Intervenções para prevenir o maltrato entre pares

Não é fácil agir sobre o fenômeno do *bullying*, já que sabemos que, apesar de sempre ter existido, permaneceu durante bastante tempo em silêncio porque é um fenômeno multicausado, como diria Avilés Martínez, (2003a), o que dificultou, inicialmente, a conscientização para o fato e a consequente mobilização para a elaboração de estratégias de ação, sem falar, é claro, das políticas educacionais que não favoreciam a discussão do problema. Além disso, de acordo com o autor, os problemas relacionados ao tema têm uma linha muito tênue entre eles, como na figura a seguir:

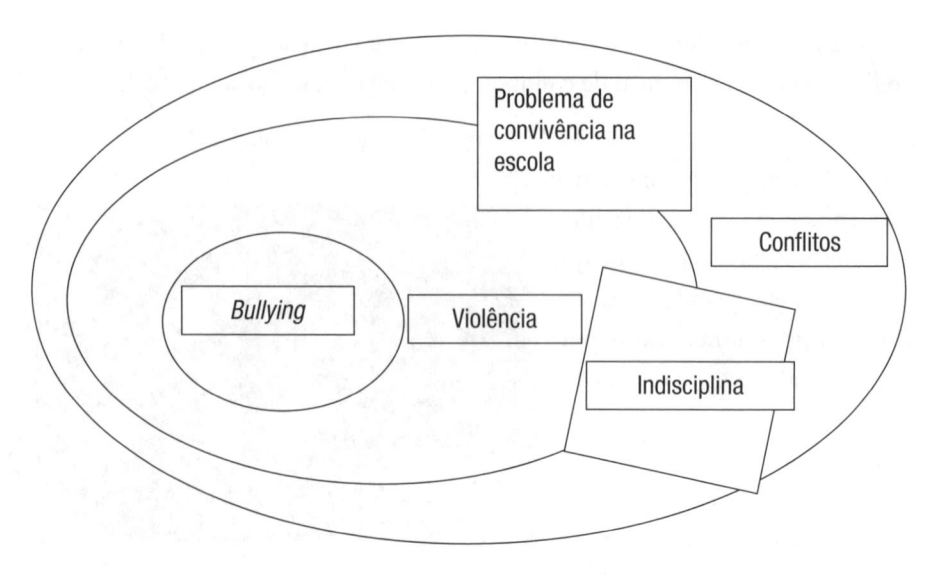

Diagrama: elipse externa contendo "Problema de convivência na escola", "Conflitos", "Indisciplina", "Violência" e, dentro de "Violência", "Bullying".

São muitos aspectos que estão implicados que vão além das personagens protagonistas. Com a proliferação de estudos sobre o tema, também têm surgido distintos programas de intervenção desde a distribuição de cartilhas até intervenções mais diretas nos envolvidos. A Unicef publicou em 2000 e 2007 um material para orientar educadores e pais sobre o *bullying* e padronizou as distintas condutas que os agressores dirigem à vítima:

Tipos de agressão	Exemplos de conduta
Exclusão social	Ignorar. Não deixar participar.
Agressão verbal	Insultar. Apelidar de forma ofensiva. Falar mal do outro ou disseminar rumores nocivos.
Agressão física indireta	Esconder as coisas da vítima. Roubar coisas da vítima.
Agressão física direta	Pegar. Inibir para provocar medo. Obrigar a fazer coisas mediante ameaças. Ameaçar com armas.
Assédio sexual	Assediar sexualmente com atos ou comentários.

Quadro 1 – Tipos de maus-tratos escolares (Unicef, 2000; 2007).

Desde as primeiras pesquisas de Olweus muitas têm sido as maneiras de abordagem ao problema, contudo é necessário mudar de atitude sobre o *bullying* e mudar também as avaliações que fazemos sobre ele. É necessário dar a importância necessária sem exageros – acentuadas na forma como a mídia vem tratando o problema – e fazer uma análise do ponto de vista educacional, psicológico e social para evitar os estereótipos. Por isso, o modo de intervenção é muito importante e, apesar de vários enfoques e denominações, basicamente são três as tendências, de acordo com Avilés Martínez (2003a):

a. Enfoque moralista: fundamentalmente centra sua atuação sobre quem exerce a agressão e pretende propor a mudança imediata de atitude sobre os aspectos morais de sua conduta. O objetivo é inculcar os valores morais que a escola defende a quem não os construiu. É um enfoque coercitivo e os estudos mostraram que pode dar certo de imediato, mas no longo prazo poderá até agravar o problema porque impede a construção de personalidades éticas.

b. Enfoque legalista ou punitivo: baseia sua eficácia fundamentalmente nas sanções e nos castigos. Esse modelo trata de aplicar a lei sobre aqueles que atuam, rompendo algum de seus preceitos mediante a aplicação dos regulamentos de regimentos escolares e estatutos com os quais normalmente os centros educativos são regulados. As medidas que se tomam são castigos para depois da aula, ficar sem recreio, multas, expulsões, trabalho para casa, detenções, processos. Essa tendência é simpática a alguns pais e gestores que insistem em colocar a polícia dentro da escola. Esse enfoque encara o *bullying* como um fenômeno de carência dos sujeitos envolvidos e esses déficits devem ser compensados mediante doutrinação moral ou mediante a aplicação de castigos. Situa os agressores em um processo de culpabilização, não favorecendo respostas integradoras de conduta. O papel dos pais nesse enfoque é muito pequeno, pois sua participação resume-se a escutar as informações das consequências dos processos aplicados nos filhos.

Esse tipo de modelo tem uma mensagem clara para os alunos sobre o que eles podem ou não fazer na escola. Como no modelo anterior, não concede nenhum papel à vítima e situa o poder de tomada de decisão exclusivamente no mundo dos adultos.

c. Enfoque humanístico: esse modelo centra-se fundamentalmente nos sentimentos dos sujeitos. Tem um objetivo voltado à compreensão de quem comete *bullying* sem um enquadramento prévio em um modelo de conduta esperado. Isso implica escutar e estabelecer canais de comunicação que permitem conectar-se com o autor para saber o que ele sente e pensa, além de apresentar exemplos comuns para iniciar uma possível mudança de conduta. Também trata de fazer o autor conhecer os sentimentos dos alvos para talvez criar um sentimento de empatia com eles, arrepender-se de suas atitudes e chegar a se convencer de que seu comportamento foi totalmente inadequado. Trata-se de restaurar o relacionamento, não para que se tornem amigos inseparáveis, mas para que possam ter uma boa convivência escolar. No final, todos os envolvidos são acompanhados na resolução do problema, por exemplo, como no Método Pikas[3] (Tognetta e Vinha, 2008) que trabalha nessa direção.

Nesse enfoque, muito mais que instalar culpa em alguém, trata-se de comprometer a todos da comunidade escolar, na busca de soluções. Como o *bullying* é sempre dinâmico, intervindo diretamente nas pessoas implicadas, o processo pode ser interrompido e cessado, se devidamente tratado. O problema maior nesse tipo de intervenção é quando há muita resistência por parte do autor e de sua família, muitas vezes recusando-se ao diálogo e fugindo do compromisso.

E, para tal, apontamos algumas ideias que têm sido aplicadas com sucesso em países europeus e em situações pontuais no Brasil:

a. Intervenções curriculares: têm o objetivo de promover uma atitude anti-*bullying* e ajudar às crianças e adolescentes a desenvolver habilidades para resolver conflitos. Incluem atividades com filmes que tratam de virtudes e da trajetória de heróis (Tardeli, 2010), grupos de discussão de dilemas morais, histórias, filmes, dramatizações e Assembleias de Classe[4] (Tognetta e Vinha, 2008) entre outras. Em atividades específicas, incentiva-se a tomada

---

[3] O Método Pikas consiste em estratégias de intervenção social que têm o objetivo de identificar os agressores e as vítimas e estabelecer ações diretas com cada um deles em separado.
[4] As Assembleias de Classe, conforme Puig (2000), constituem "o momento institucional da palavra e do diálogo. Momento em que o coletivo se reúne para refletir, tomar consciência de si mesmo e transformar o que seus membros consideram oportuno de forma a melhorar os trabalhos e a convivência" (p. 86).

de consciência sobre o *bullying* entre os alunos e se promove a aquisição de valores pró-sociais, como a tolerância pelas diferenças, mudança de atitude, mudança nas normas escolares.

Uma intervenção curricular, contudo, só vai obter sucesso se toda a comunidade escolar estiver disposta a enfrentar o problema pela via institucional. Conforme Puig (2000, p. 20),

> A via institucional é o conjunto de atividades educativas que se derivam da organização da escola e do grupo-classe e que tem como pressuposto a participação democrática do alunado, o que torna possível enfrentar, por meio do diálogo, os problemas de convivência e de trabalho gerados na vida escolar, podendo conduzi-los da melhor maneira possível e com a participação de todos.

Um dos primeiros passos que a escola com problemas de violência tem de dar é refletir sobre o assunto, não como uma prática individual, mas sim como uma prática coletiva. Deve envolver toda a comunidade escolar e abrir espaço ao diálogo para criar um clima de confiança que permita a expressão de todos. Parece óbvio, mas requer esforço contínuo e trabalho conjunto.

Os conteúdos escolares devem ser orientados à vinculação e desenvolvimento das verdadeiras atitudes e habilidades dos alunos, em termos do aprender a ser, aprender a participar, aprender a habitar o mundo e aprender a conviver (Puig apud Arantes, 2007), além de desenvolver uma postura crítica diante de situações relacionadas à realidade social. Educar para a cidadania democrática, melhorando a coerência entre os valores que se pretende ensinar e a prática educativa. Por isso, é preciso incrementar a participação dos alunos na construção e na aplicação das normas que regulam a convivência e melhoram a eficácia educacional.

Enfim, trata-se de formar alunos com capacidades que lhes permitam amadurecer cognitivamente, base da autonomia pessoal e que, igualmente, sejam cooperativos e solidários. Isso implica a aplicação de estratégias lúdicas e práticas, de forma transversal no currículo, nas quais se integrariam todas as áreas curriculares. Essas estratégias não precisam ser megaeventos, mas atividades simples cotidianas que garantam espaços para a troca e reflexão de temáticas que dizem respeito ao contexto dos alunos.

O que contribui para consolidar um *status* de violência é a impunidade, o silêncio dos fatos ou a omissão. Alguns educadores relatam que essas sugestões anteriores não dão resultado porque não comentam abertamente a questão. Gestores não admitem o que está ocorrendo em sua escola e, se todos envolvidos na comunidade escolar não tomarem a responsabilidade para si, o problema não será solucionado. A reflexão implica um exame introspectivo no qual cada um possa se colocar no lugar de espectador e fazer uma análise das suas responsabilidades como também produtor de violência. Ninguém poderá se omitir da participação.

Entre as condições que contribuem com a violência escolar, uma das características da escola é a omissão dos professores diante do fato, deixando as vítimas sem ajuda e proporcionando aos agressores uma interpretação de apoio implícito. Essa falta de resposta estaria relacionada à forma tradicional de definir o papel dos professores, orientado de maneira quase exclusiva a preocuparem-se com determinada matéria, ou seja, com seu conteúdo somente. E, como os próprios professores costumam reivindicar, a superação dos conflitos nos relacionamentos poderia ocorrer mediante apoio e formação adequada para enfrentarem os tipos de problemas cotidianos que conduzem à violência em um trabalho voltado para o estabelecimento da cidadania e dos valores. O professor muitas vezes está solitário e impotente diante do contexto; muitas vezes é ele o agredido e sua autoestima também sofre. Nesse ponto, os gestores das escolas deveriam estar cientes de seu papel de mediadores e da importância da formação continuada, abrindo possibilidades de estudo ao corpo docente e momentos específicos para que reflitam sobre as perguntas: "Em que medida cada um de nós é responsável pelo que está ocorrendo? Em que medida fazemos alguma coisa pelas relações interpessoais na escola?".

b. Tutoria ou *mentoring* – a tutoria consiste no acompanhamento a uma pessoa ou grupo, como um mediador ou orientador no caso de dificuldades cognitivas, sociais ou afetivas. No caso da escola, um aluno pode ser tutorado por um professor, por um coordenador ou por um aluno destacado para isso. É comum em países europeus, mas muito raro em nossas escolas. Estudos mostraram que crianças com tutores sofreram significativamente menos agressões (Avilés Martínez, 2002). Esses vínculos promovem modelos para ajudar às crianças a aprender habilidades para resolver problemas.

A tutoria é ideal para melhorar a qualidade do vínculo educacional (Puig, 2000). Estudos sobre a origem da violência levam a destacar uma falta de qualidade do vínculo como uma de suas principais causas. Para preveni-la, é imprescindível que os professores desenvolvam seu poder de referência, assim como possam disseminar o protagonismo entre os alunos, incrementando com isso o que se costuma denominar como empoderamento.[5] A escola deve promovê-lo, favorecendo que cada aluno defina e desenvolva os próprios projetos escolares e os procedimentos educacionais participativos, como a aprendizagem cooperativa em grupos heterogêneos tutorados.

É função da tutoria favorecer a identificação dos direitos humanos, estimulando no aluno que é acompanhado o desenvolvimento da capacidade para colocar-se no lugar do outro e, em níveis mais evoluídos, estender-se a todos os seres humanos, assim como estimular a compreensão dos direitos universais e a capacidade de usar essa compreensão nas próprias decisões, coordenando esses direitos com o dever de respeitá-los. Ao incluir o repúdio à violência de tal perspectiva, conceituando-a como uma grave ameaça aos direitos humanos, o tutor favorece a sua compreensão como um problema que afeta a qualquer indivíduo, embora ponha em perigo o nível de justiça necessário para que se respeitem também seus direitos. É claro que, para executar todas essas ações, o educador precisa, primeiro, ser apoiado, para o desenvolvimento de suas capacidades, ou seja, isso nos remete à sugestão anterior: se toda a comunidade escolar não estiver envolvida, o combate à violência não ocorre de forma eficaz.

A tutoria também pode incluir atividades especificamente dirigidas a prevenir a vitimização em programas de prevenção da violência, ensinando e encorajando a dizer "não" em situações que possam implicar abuso, estimulando a pedir ajuda quando necessária e estar preparado emocionalmente para não se sentir culpado quando for vítima.

c. Intervenção no espectador – a proposta é que essa intervenção seja feita por um adulto ou por pares, não como uma ação isolada, mas parte de um programa curricular de educação em valores.

A intervenção sobre o espectador deve ser parte de um programa para a tomada de consciência sobre o fenômeno do *bullying* e para fazer da escola um lugar seguro. Há a necessidade dessa intervenção porque o espectador não é passivo, ele participa de todo o processo. Essa intervenção é inerente à estratégia da tutoria.

---

[5] Empoderamento vem de *empowerment* que poderia ser traduzido como dar força ao sujeito, melhorando sua capacidade para ação.

d. Parceria com a família – a família do alvo de *bullying* tem uma função importante que é a de explicar para o filho no que consiste o fenômeno, quais são os implicados, para que a cultura do silêncio e a ignorância sobre as manifestações da violência não imperem e não se perpetuem. Em outras palavras, ajudar a criança a entender que mesmo como espectador está colaborando para o aumento da violência e não escapando dela, em virtude da possibilidade de se tornar outra vítima caso reaja, como muitos alunos acreditam. As formas de enfrentamento como assertividade para se defender e convencer outros colegas a reagir contra o *bullying* precisam ser aprendidas. Os pais devem fazer os filhos perceberem que o mero presenciar do *bullying* provoca medo e ansiedade e que a única solução é reagir, se defendendo, relatando o ocorrido para um adulto, ou convencendo os colegas a não apoiarem como espectadores (Beane, 2008).

Como consequência dos movimentos sociais e históricos, os estilos educativos familiares se modificaram e, atualmente, a família precisa ser encorajada a voltar a assumir seu papel de educar em seus aspectos fundamentais: no que se refere ao campo afetivo-comunicativo sobre as necessidades de afeto e comunicação dos filhos e a existência de regras e controle como mecanismos indispensáveis para regular a convivência e o sistema de juízo de valores sobre o que é o bem e o mal, sobre o que se pode fazer ou não. Nesse sentido, a escola é responsável pela orientação aos pais e pela tentativa de aproximá-los do processo de ensino-aprendizagem de seus filhos, fazendo-os sentirem-se comprometidos e envolvidos com a escola.

A presença das famílias nas escolas é fundamental e sua participação, assim como a interação com professores e gestores, pode resultar em projetos integrados para o combate à violência e em programas anti-*bullying*. A escola deverá propor encontros para discutir o desenvolvimento moral das crianças, ensinar a posicionarem-se diante de situações de violência ou agressão, apresentarem exemplos de condutas e exigirem comportamentos coerentes de crianças e jovens. As ações devem ser compartilhadas e a escola deverá enfrentar a resistência que muitas famílias apresentam em comparecer quando chamadas, e desencadear ações de aproximação que saiam dos estereótipos e punições aos alunos. Se as famílias forem chamadas para planejarem juntos esquemas de ação, e não para ouvirem reclamações ou reivindicações sobre o "filho-problema", provavelmente se sentirão incluídas e corresponsáveis pelas propostas. As escolas que mantêm uma gestão participativa com as comunidades são as que menos apresentam problemas de violência escolar.

Conclusões

A educação é, antes de tudo, um encontro entre pessoas diferentes igualadas pela dignidade humana, e essas diferenças nos enriquecem e nos constituem como sujeitos na interação com funções específicas para quem ensina e para quem aprende. Na interação, nos modificamos contínua e mutuamente. É sempre um encontro de aprendizagem cognitiva e afetiva em que aprendemos uns com os outros reciprocamente.

A escola é uma instituição cuja função primeira é socializar os indivíduos através do ensino de conhecimentos publicamente legitimados. Convém, portanto, orientar o repúdio à agressão e à violência em uma perspectiva que inclua tanto o combate à violência no geral, independente de quem seja a vítima ou o agressor, como um tratamento específico de suas manifestações mais frequentes. As medidas educacionais devem contribuir para atingir esse objetivo, ajudando a gerar mudanças cognitivas, emocionais e atitudinais, que permitam que o agressor se coloque no lugar da vítima, que se arrependa de haver promovido a violência e que tente reparar o dano causado, além de, é claro, amadurecer para estágios mais elevados moralmente falando. Trata-se de reparar as relações interpessoais da escola que estão doentes.

Para isso, há de se redefinir os papéis em que se estrutura a interação educacional, proporcionando aos alunos espaços para se expressarem, permitindo que os professores valorizem sua autoridade e coloquem em curso novos esquemas de colaboração entre a escola e a família. Isso exige a possibilidade de novos contextos na direção de uma busca conjunta de soluções para atingirem uma meta compartilhada, baseada no respeito mútuo, na igualdade e na justiça social.

Referências bibliográficas

ACUSADOS (*The Accused*). Drama. Direção de Jonathan Kaplan. EUA: 1988. 111 minutos.
ARANTES, V. A. (Org.). *Educação e valores*. São Paulo: Summus, 2007, p. 65-104.
AVILÉS MARTÍNEZ, J. *Bullying*. Intimidación y maltrato entre el alumnado. Bilbao: Stee--Eilas, 2003a.
_____. *Maltrato entre escolares en el contexto de las conductas de acaso*. Bullying en la escuela. Modelos de intervención. Confederación de STEs-Intersindical, 2003b. Disponível em: <http://www.asociacionrea.org/BULLYING/8_04_Documentos_Extensos/08.04.17.pdf>. Acesso em: 20 jun. 2011.
_____. La intimidación y el maltrato en los centros escolares. *Revista Lan Osauna*, n. 2, 2002.
BEANE, A. N. *Proteja seu filho do bullying*. Rio de Janeiro: Best Seller, 2008.
CEREZO, F. *Bullying*: análisis de la situación en las aulas españolas. Universidad de Almería España: International Journal of Psychology and Psychological Therapy, v. 9, n. 3, p. 383-394, 2009. Disponível em: <http://redalyc.uaemex.mx/src/inicio/ArtPdfRed.jsp?iCve=56012884006>. Acesso em: 20 jun. 2011.
CHEN, X. et al. Self perceptions of competence in Brazilian, Canadian, Chinese and Italian children: relations with social and school adjustment. *International Journal of Behavioral Development*, v. 2, n. 28, p. 129-138, 2004.
DAMON, W. *The moral child – nurturing children's natural moral growth*. Nova York: Free Press, 1988.
DE SOUSA, E. R.; RIBEIRO, J. Bullying and sexual harassement among Brazilian high school students. *Journal of Interpersonal Violence*, v. 9, n. 20, p. 1018-1038, 2005.
DEFENSOR DEL PUEBLO – UNICEF. *Informe sobre violencia escolar*: el maltratado entre iguales en la educación secundaria obligatoria. Madri: Publicaciones de la Oficina del Defensor del Pueblo, 2000/2007.
DÍAZ-AGUADO, M. J. Por uma cultura de la convivência democrática. *Revista Interuniversitaria de Formación del Profesorado*, n. 44, 2002. Disponível em: <http://dialnet.unirioja.es/servlet/listaarticulos?tipo_busqueda=EJEMPLAR&revista_busqueda=1244&clave_busqueda=40192>. Acesso em: 20 jun. 2011.
_____. La violencia entre iguales en la adolescencia y su prevención desde la escuela. *Revista Eletrônica Psicothema*. Facultad de Psicología de la Universidad de Oviedo; el Colegio Oficial de Psicólogos del Principado de Asturias, v. 17, n. 4, p. 549-558, 2005.
EISENBERG, N. (Org.). *The development of prosocial behavior*. Nova York: Academic Press, 1982.
ERIKSON, E. *Identidade*: juventude e crise. Rio de Janeiro: Guanabara, 1987.
EYSENCK, H. J. The biology of morality. In: LICKONA, T. *Moral development and behavior* – Theory, research and social issues. Nova York: Holt, Rinehart and Winston, 1976.
FANTE, C. *Fenômeno bullying*: como prevenir a violência nas escolas e educar para a paz. Campinas: Verus, 2005.

FARRINGTON, D. P. Understanding and preventing bullying. Crime and Justice. *Review of Research*. Chicago, n. 17, 1993.
FRANCISCO, M. V.; LIBÓRIO, R. M. C. Um estudo sobre *bullying* entre escolares do Ensino Fundamental. *Psicologia Reflexão e Crítica*, v. 1, n. 22, p. 200-207, 2009.
HALSDORFER, C. *Mobbing en el trabajo en la España actual*. GRIN Verlag, 2008. Disponível em: <http://books.google.com.br/books?hl=pt e http://www.grin.com>. Acesso em: 20 jun. 2011.
HOFSTEDE, G.; BOND, M. B. Hofstede's culture dimensions: an independent validation using Rokeach's value survey. *Journal of Cross Cultural Psychology*, v. 4, n. 15, p. 417--433, 1984.
LA TAILLE, Y. Moralidade e violência: a questão da legitimação de atos violentos. *Temas de Psicologia*, v. 17, n. 2, p. 329- 341, 2009.
_____. *Moral e Ética* – dimensões intelectuais e afetivas. Porto Alegre: ArtMed, 2006.
LANDAU, S. F. et al. The effect of religiosity and ethnic origin on direct and indirect aggression among males and females: some Israeli findings. *Aggressive Behavior*, v. 4, n. 28, p. 281-298, 2002.
LICKONA, T. *Moral Development and Behavior* – Theory, Research and Social Issues. Nova York: Holt, Rinehart and Winston, 1976.
LORENZ, K. *Os fundamentos da etologia*. São Paulo: Unesp, 1995.
MASLOW, A. H. *Motivation and Personality*. Nova York: Harper & Row Publishers Inc., 1987.
MELLOR, A. *Bullying in Scottish secondary schools*. Edimburgo: SCRE, 1990.
MOOIJ, T. Por la seguridad en la escuela. *Revista de educación*, n. 313, p. 29-52, 1997.
NEASDALE, D.; NAITO, M. Individualism-collectivism and the attitudes to school-bullying of Japanese and Australian students. *Journal of Cross Cultural Studies*, v. 5, n. 36, p. 537-556, 2005.
OLWEUS, D. *Bullying at School*. EUA: Blackwell Publishing, 1993. Disponível em: <http://books.google.com.br/>. Acesso em: 20 jun. 2011.
_____. *Conductas de acoso y amenazas entre escolares*. Madri: Ediciones Morata, 2004. Disponível em: <http://books.google.com.br/>. Acesso em: 20 jun. 2011.
O'MOORE, A. M.; KIRKHAM, C.; SMITH, M. Bullying behavior in Irish schools: a nation-wide study. *Iris Journal of Psychology*, n. 18, p. 141-169, 1997.
OÑATE, I.; PIÑUEL, A. *Mobbing escolar* – *violência y acoso psicológico contra los niños*. Barcelona: Ediciones CEAC, 2007. Disponível em: <http://books.google.com.br/books?id =WD8ch1FM->. Acesso em: 20 jun. 2011.
ORTEGA, R. Violencia interpersonal en los centros educativos de Educación Secundaria. Un estudio sobre maltrato e intimidación entre compañeros. *Revista de Educación*, n. 304, p. 253-280, 1994. Disponível em: <http://www.revistaeducacion.mec.es/>. Acesso em: 15 jun. 2011.

ORTEGA, R.; MORA-MERCHÁN, J. A. *Violencia escolar*: mito o realidad. Sevilha: Mergablum Edición y Comunicación, 2000. Disponível em: <http://dialnet.uni-rioja.es/servlet/libro?codigo=110961>. Acesso em: 15 jun. 2011.

_____. Agressividad y violência. El problema de la victimización entre escolares. *Revista de Educación*, v. 313, p. 7-27, 1997. Disponível em: <http://europa.sim.ucm.es/compludoc/GetSumario?r=/S/9712/00348082_3.htm&zfr=0>. Acesso em: 15 jun. 2011.

PIAGET, J. *O juízo moral na criança*. São Paulo: Summus, 1994.

PUIG, C. M. El acoso moral en el trabajo (mobbing) y en la escuela (bullying) y el derecho penal. *Estudios de derecho judicial*, n. 94, p. 173-256, 2006. Disponível em: <http://dialnet.unirioja.es/servlet/articulo?codigo=2262913>. Acesso em: 15 jun. 2011.

PUIG, J. M. *A construção da personalidade moral*. São Paulo: Ática, 1998.

PUIG, J. M. et al. *Democracia e participação escolar* – Propostas de atividades. São Paulo: Moderna, 2000.

RAMIREZ, J. M.; ANDREUS, J. M.; FUJIHARA, T. Cultural and sex differences in aggression. A comparison between Japanese and Spanish students using 2 different inventories. *Aggressive Behavior*, n. 27, p. 313-322, 2001.

RAMIREZ, J. M. et al. Differences and similarities in moral approval of aggressive acts (A cross-national study). *Aggressive Behavior*, v. 3, n. 27, p. 225-226, 2005. (Special Issue: Abstracts from the XIV World Meeting of the International Society Research on Aggression edited by P. Brain and M. Martinez).

SCHWARTZ, D.; CHANG, L.; FARVER, J. A. Correlates of victimization in Chinese children's peer groups. *Developmental Psychology*, n. 37, p. 520-532, 2001.

SCHWARTZ, D. et al. Victimization in South Korean children's peer groups. *Journal of Abnormal Child Psychology*, v. 2, n. 30, p. 113-112, 2002.

TARDELI, D. D. *O herói na sala de aula*. 2. ed. Santos: Editora Universitária Leopoldianum, 2010.

THANZAMI, V. L.; ARCHER, J. Beliefs about aggression in British students from individualist and collectivist cultures. *Aggressive Behavior*, v. 4, n. 31, p. 350-358, 2005.

TOGNETTA, L. R. P.; VINHA, T. P. Estamos em conflito, eu comigo e com você: uma reflexão sobre o *bullying* e suas causas afetivas. In: CUNHA, J. L.; DANI, L. S. C. *Escola, conflitos e violências*. Santa Maria: Editora da UFSM, 2008. Disponível em: <http://www.mp.sp.gov.br/portal/page/portal/Educacao/Doutrina/Bullying%20Estamos%20em%20conflito.pdf>. Acesso em: 15 jun. 2011.

TOLDOS, M. P. Sex and age differences in self estimated physical, verbal and indirect aggression in Spanish adolescents. *Aggressive Behavior*, v. 1, n. 31, p. 13-23, 2005.